Pour accompagner ton manuel :

tous les documents sonores

toutes les activités interactives

sur didier-clic.fr

Pour y accéder :

- saisis le code de la ressource audio — Audio 22lba2001
- ou celui des activités interactives — Activités interactives 22lba2020

Pour les enseignants, des ressources complémentaires sur :
editions-didier.com

来吧！

Lái ba !

La méthode de chinois COLLÈGE Deuxième année

Coordinatrice de l'ouvrage

Isabelle Pillet
IA-IPR Langues vivantes, spécialité chinois
Académie de Rennes

Auteurs

Maxime Ermeneg
Professeur de chinois
Collège Anatole-le-Braz, lycée Ernest-Renan, Saint-Brieuc
Académie de Rennes

Jean-Paul Goarzin
Professeur de chinois
Collège de Kerhallet, lycée de L'Harteloire, Brest
Académie de Rennes

Cédric Quennesson
Professeur de chinois
Collège Émile-Zola, Rennes
Académie de Rennes

Tian Yaping
Professeure de chinois
Collège et lycée Charles-de-Foucauld, Brest
Académie de Rennes

Wu Li-Jo
Professeure de chinois
Collège Émile-Zola et collège du Landry, Rennes
Académie de Rennes

Yi Lan
Professeure de chinois
Collège Saint-Joseph, lycée Notre-Dame-du-Mur – Le-Porsmeur, Morlaix
Académie de Rennes

didier

Remerciements :

Les Éditions Didier expriment toute leur reconnaissance à Mesdames Françoise Audry-Iljic, inspectrice générale honoraire de l'Éducation nationale, Sophie Atimi et Sylvaine Gautier-Le-Bronze, professeures de chinois (académies de Versailles et de Rennes), pour leurs idées pertinentes et leur relecture attentive, ainsi que pour leurs précieux conseils.
Les auteurs remercient les collègues qui ont accepté de tester certains extraits du manuel en classe et de partager leurs expériences et réflexions. Merci également à Lina Chen pour sa participation à l'ouvrage et à Wu Yi-Chih pour ses prises de vue.
Nous remercions aussi très chaleureusement les jeunes étudiants qui ont participé aux enregistrements et les professeurs qui ont contribué à la réalisation de ce manuel par leurs relectures.

Responsable d'édition : Catherine Laurent
Édition : Evelyne Doan
Cheffe de studio : Christelle Daubignard
Iconographie : Aurélia Galicher
Conception graphique couverture et intérieur : Joëlle Parreau
Mise en page : Drapeau Graphic
Photogravure : Drapeau Graphic, IGS
Graphisme : Joëlle Parreau (pages culturelles, p. 12, 14-15, 17, 24, 26-27, 42-45, 54-57, 66-67, 72-75, 84-85)
Illustrations : Song Xiaojun (lexique illustré, p. 16, 26, 28, 46, 58, 76)
Enregistrements et montage : Quali'sons

ISBN : 978-2-278-10521-2

Bienvenue dans ton manuel !

Pendant ta première année de chinois, tu as commencé à explorer les secrets de la langue la plus parlée au monde, et tu sais déjà un peu te débrouiller.

Cette année, tu vas poursuivre la découverte de cette langue et apprendre à t'exprimer et à échanger dans des situations très diverses de la vie quotidienne. Tu apprendras à maîtriser de mieux en mieux la graphie des caractères.

Chaque chapitre de ce nouveau manuel t'offrira aussi l'occasion d'entrer un peu plus en contact avec la culture chinoise et la vie quotidienne des jeunes de ton âge. Savais-tu qu'à l'école en Chine on fait de la gymnastique des yeux ? Que les Chinois ont inventé le papier et sont à l'origine du manga ? Que pour le Nouvel An, on porte des vêtements neufs de la tête aux pieds ? Laisse-toi guider par ton manuel, qui te surprendra souvent !

Participe aussi activement aux cours de chinois, c'est ainsi que tu progresseras. Pour t'aider dans tes apprentissages, tu pourras t'appuyer sur ton cahier, et sur tous les audios et activités interactives mis à ta disposition. À la fin de cette année, tu seras encore plus à l'aise dans cette langue bien vivante.

Le chinois, s'écoute, se parle, se chante, se lit, s'écrit, bref... il se vit !

C'est à ce voyage que nous t'invitons !

Les auteurs

听 Comprendre des échanges sur la rentrée scolaire, les cours et les locaux du collège.

说 Décrire une journée de prérentrée et un collège ; résumer des avis d'élèves sur leur collège.

(说) Échanger sur son collège, sur ce qui plaît et ce que l'on souhaite améliorer.

读 Comprendre des échanges sur une journée d'école et une enquête d'opinion sur un collège.

写 Écrire un court texte sur sa journée de rentrée.

1 开学了！
C'est la rentrée !

2 我的学校
Mon école

PROJET
写 说 Participer à un concours pour améliorer la vie au collège

CULTURE
Dans mon collège…

ATELIER
Proverbes

LEXIQUE ORAL
La rentrée scolaire et les cours ; le collège et ses locaux.

CARACTÈRES
开 今 交 先 然 语 文 老
师 校 地 方 图 小 新 旧
安 前 又

CONSTRUIRE DES PHRASES
- d'abord… ensuite… 先……然后
- pas du tout 一点也不
- trop… ! 太……了
- à la fois 又……又
- lorsque ……的时候

听 Comprendre une conversation sur des personnages de fiction ; comprendre l'avis de lecteurs sur un roman.

说 Décrire une personne ou un personnage qu'on apprécie ; présenter un film ou un livre qui nous a plu.

(说) Échanger sur des personnages ; faire des hypothèses sur une histoire à partir d'une image.

读 Comprendre un profil sur un réseau social ; comprendre le résumé d'un roman.

写 Créer un profil de réseau social ; remplir une fiche de lecture.

1 我最爱的人物
Mon personnage préféré

2 开音
Kaiyin

PROJET
写 说 Créer un personnage extraordinaire et en faire le portrait

CULTURE
L'écrit dans tous ses états

ATELIER
Bande dessinée

LEXIQUE ORAL
Les personnages de fiction et leurs qualités ; la description physique, les sentiments et les couleurs.

CARACTÈRES
物 黑 色 子 画 说 头 发
长 里 得 听 话 起 讲 非
男 女 孩 能

CONSTRUIRE DES PHRASES
- la description physique 长什么样？
- les couleurs 是……的
- dans 里
- le complément d'appréciation 得
- pouvoir 能

Sommaire

4 小偷是谁？

p. 53-64

听 Comprendre une annonce radio ; comprendre des témoignages et des alibis dans une enquête.

说 Faire un compte-rendu d'enquête ; présenter les suspects à partir de leur profil.

(说) Échanger et répondre à des questions sur une enquête ; confronter ses hypothèses argumentées.

读 Lire les notes d'un enquêteur et les profils de suspects.

写 Prendre des notes sur les informations essentielles concernant un fait divers.

1 书法被偷了！
Une calligraphie a été volée !

2 你记得什么？
De quoi vous souvenez-vous ?

PROJET

读 Résoudre une énigme policière

CULTURE

Les arts chinois

ATELIER

Devinettes

LEXIQUE ORAL

Quelques métiers, les éléments d'une enquête.

CARACTÈRES

关 门 问 被 从 到 重 找
来 表 工 美 术 品 坏 再
见 才 着 给

CONSTRUIRE DES PHRASES

- la forme passive 被……了
- de… à… 从……到……
- seulement 才
- l'aspect duratif avec 着
- à quelqu'un 给

FLASH

大中国

p. 65-70

听 Comprendre un bulletin météo et des conversations familiales sur le temps qu'il fait, les vêtements et les loisirs.

说 Annoncer la météo d'une ville.

(说) Échanger sur la préparation d'une valise.

读 Comprendre des échanges de messages sur une destination.

写 Écrire une carte postale pour parler de soi et de ses impressions sur une destination.

从南到北
Du sud vers le nord

PROJET

写 说 Présenter la météo d'une ville au fil des saisons.

CULTURE

Un pays, de multiples paysages

LEXIQUE ORAL

Les saisons et la météo, quelques vêtements.

Visite guidée

Découvre un chapitre de ton manuel !

En **page d'ouverture**
- le projet à réaliser
- les compétences que tu travailleras pour le mener à bien

Sur les **doubles-pages de leçon**
- les documents et les activités
- les mots nouveaux à écouter et à répéter
- les structures pour construire des phrases
- les caractères à étudier
- une « trace orale » qui reprend l'essentiel à apprendre par cœur

Sur la double-page ***Je lis et j'écris***
- des activités autour des nouveaux caractères et les éléments qui les composent
- un atelier lecture
- des phrases à recopier pour mémoriser les caractères nouveaux

La page ressource ***Je retiens*** regroupe les mots et les structures de phrases à retenir, et te servira d'aide à l'expression orale et écrite.

La page ***Atelier*** te fera découvrir les arts chinois : poèmes, proverbes, théâtre, ... et même des devinettes !

La double-page ***Je comprends la Chine*** prolongera ta découverte de la culture et de la vie quotidienne.

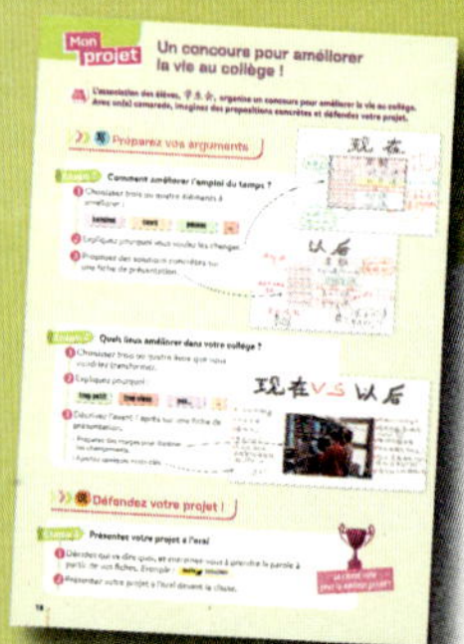

La page ***Mon projet*** te guidera dans la réalisation de ton objectif.

En bonus, tu découvriras d'autres aspects de la Chine à travers deux ***unités Flash*** sur le Nouvel An chinois et la géographie.

Les symboles utilisés dans ton manuel :

听 **Compréhension de l'oral :** écoute l'enregistrement et repère les informations demandées.
***Conseils :* Tu ne comprendras pas tout et ce n'est pas nécessaire !** Repère tous les éléments qui t'aideront à cerner le contexte – les bruits, la musique, ... – puis écoute ce qui est dit pour dégager le sens global de ce que tu entends et répondre à la consigne précise qu'on t'a donnée !

说 **Expression orale en continu :** à toi de prendre la parole et de t'exprimer sur un sujet ou un thème en faisant plusieurs phrases d'affilée.
***Conseils :* Sers-toi de tous les mots que tu connais sur le sujet et des phrases ou des expressions que tu connais par cœur,** même si tu n'arrives pas à dire exactement ce que tu veux. Soigne bien ta prononciation ! Les expressions de ton visage et tes gestes t'aideront aussi à te faire comprendre.

说 **Expression orale en interaction :** échange avec une ou plusieurs personnes, pose des questions, donne des réponses.
***Conseils :* Écoute pour pouvoir réagir de façon pertinente.** Tu peux faire répéter ou reformuler. Utilise des gestes et ton regard pour mieux te faire comprendre, et parle distinctement.

读 **Compréhension de l'écrit :** lis un texte pour en extraire des informations.
***Conseils :* Tu ne comprendras pas tout et ce n'est pas nécessaire !** Repère les éléments que tu reconnais : images, caractères ou mots. Établis des liens entre ces éléments et émets des hypothèses ; tu dégageras plus facilement le sens général du texte.

写 **Expression écrite :** rédige une ou plusieurs phrases.
***Conseils :* Réfléchis avant tout au contenu de ton message.** Si tu ne peux pas tout dire, sers-toi du lexique que tu connais, puis fais des phrases avec les mots de liaison que tu as appris. Vérifie dans ton cahier les graphies dont tu n'es pas sûr(e) ; utilise le pinyin si besoin.

Activité de groupe : travaillez à plusieurs pour vous entraîner.

▶ p. XX **Renvoi cahier :** pour prendre des notes et faire des exercices pour retenir les caractères, le lexique, les structures de phrase, t'entraîner à l'expression écrite et à la compréhension orale ou écrite.

Fiche 22lba2000 **Fiche :** ton professeur te distribuera une fiche pour accompagner les activités.

Audio 22lba2000 **Audio :** pour travailler la compréhension de l'oral et apprendre le lexique.

activités interactives 22lba2000 **Activités en ligne :** pour t'entraîner et réviser en t'amusant.

Dans le lexique illustré des doubles-pages, les tons sont indiqués tels qu'ils sont réellement prononcés dans les audios et la vie courante. Sur les autres pages (*Je retiens et Boîte à mots* à la fin du manuel), les tons sont ceux du dictionnaire.

En classe de chinois, parlons chinois !

Tu pourras écouter tout au long de l'année ces courts dialogues entre des élèves et leur professeur(e) pour intégrer peu à peu **le langage de la classe en chinois**.

Chacun de ces six dialogues correspond à une situation de classe. **Écoute-les régulièrement, tu pourras les apprendre par cœur.** Tu sauras ainsi t'exprimer en chinois en cours !

听 Pour chaque dialogue, tu as deux versions audio à ta disposition : la première avec les échanges complets, la deuxième avec les phrases du / de la professeur(e) uniquement. Cette version « karaoké » te permettra de t'entraîner à donner la réplique ! 说

1 上课 J'entre en classe — Audio 22lba2001 — Audio 22lba2002
2 开始学习！ Je me mets au travail — Audio 22lba2003 — Audio 22lba2004
3 今天几月几日？ Je dis et j'écris la date — Audio 22lba2005 — Audio 22lba2006
4 作业 Je montre mon travail maison — Audio 22lba2007 — Audio 22lba2008
5 考试 Le professeur annonce un devoir — Audio 22lba2009 — Audio 22lba2010
6 下课！ Je quitte la classe — Audio 22lba2011 — Audio 22lba2012

UNITÉ 1

Mes objectifs

- 听 Comprendre des échanges sur la rentrée scolaire, les cours et les locaux du collège.
- 说 Décrire une journée de prérentrée et un collège ; résumer des avis d'élèves sur leur collège.
- (说) Échanger sur son collège, sur ce qui plaît et ce que l'on souhaite améliorer.
- 读 Comprendre des échanges sur une journée d'école et une enquête d'opinion sur un collège.
- 写 Écrire un court texte sur sa journée de rentrée.

学校生活

Mon projet ››› **Je participe à un concours pour améliorer la vie au collège**

LEÇON 1

开学了!

听 **1** **a.** Demain, c'est la prérentrée des élèves. Écoute 陈文 et 李心, puis classe les photos dans l'ordre chronologique. Audio 22lba2100 ▸ p. 4

b. Écoute encore une fois : quels mots expriment l'enchaînement de plusieurs actions ?

说 **2** Résume l'ensemble de leur journée à l'aide des photos.

听 **3** Le lundi suivant, 陈文 et 李心 discutent de leur première matinée de cours.
Écoute et repère :
Audio 22lba2101 ▸ p. 4

a. les cours dont ils parlent,

b. ce qu'ils en pensent.

读 **4** En fin de journée, ils échangent sur WeChat. Lis leurs messages et trouve :

a. les mots qui expriment leurs sentiments,

b. les raisons de ces sentiments.

A

C

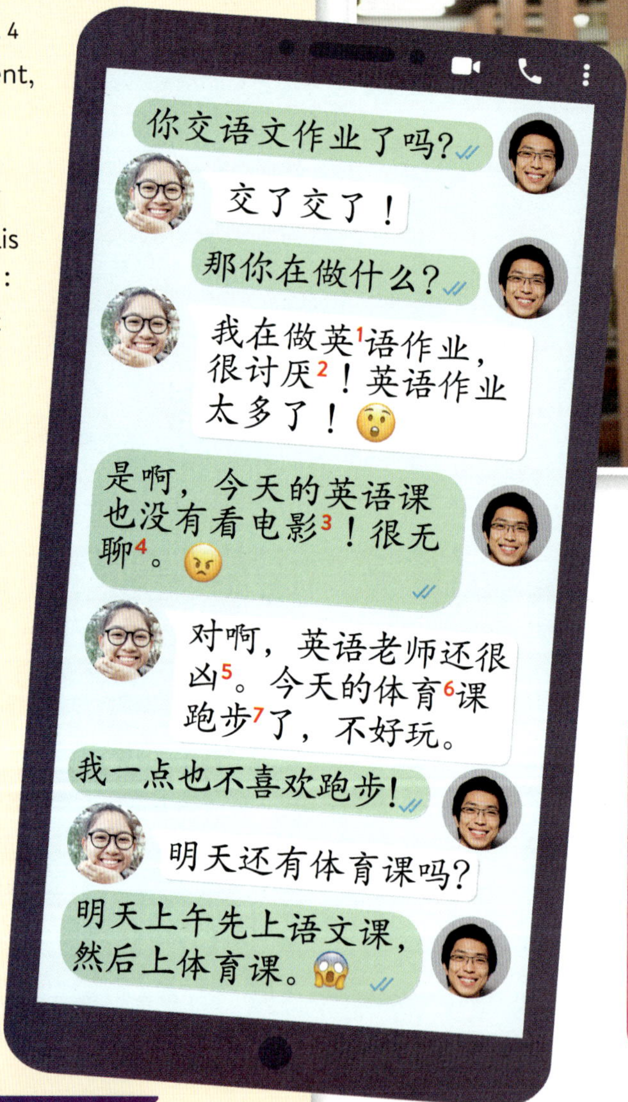

写 **该你了!**

你呢? 你开学做了什么?

Raconte ta rentrée en quelques lignes.

Fiche 22lba2102

1 yīng 2 tǎoyàn 3 yǐng 4 wúliáo
5 xiōng 6 tǐyù 7 pǎobù

J'apprends les caractères

开	今	交
先	然	语
文	老	师

Audio 22lba2104 ▸ p. 5

Je répète et j'apprends par cœur

NIVEAU 1 2 3 Audio 22lba2103

Je répète le **lexique**

J'écoute et je répète. Fiche 22lba2105

Audio 22lba2106

À tour de rôle, un(e) élève dit un mot du lexique, un(e) camarade fait une phrase avec ce mot.

Audio 22lba2107

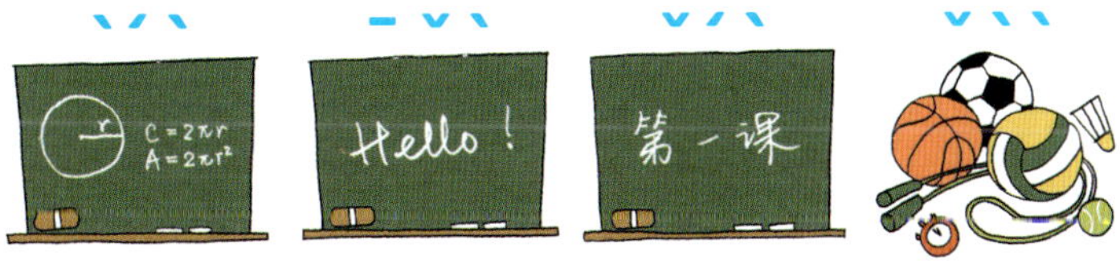

Un(e) élève nomme un cours en chinois, un(e) camarade dit s'il / si elle aime ce cours et pourquoi.

p. 4

Je construis des **phrases**

D'abord... ensuite...

我先做作业，然后上网。

先 + proposition，然后 + proposition

Je fais d'abord mes devoirs, puis je vais sur Internet.

À tour de rôle, chacun(e) fait une phrase sur le modèle en choisissant d'autres activités.

Pas du tout

我一点也不喜欢跑步。

sujet + 一点也不 + verbe / verbe qualificatif

Je n'aime pas du tout courir.

À tour de rôle, chaque élève fait une phrase avec 一点也不.

p. 7

LEÇON 2

我的学校

说 **1** Observe le collège de 陈文 et 李心.
Quelle est ta première impression ? Pourquoi ?

听 **2** Cet été, des travaux ont été réalisés. Écoute la conversation entre 陈文, 李心 et 张可, et trouve :

a. ce qui leur plaît, et pourquoi ; Audio 22lba2110 ▶ p. 11

b. ce qu'ils voudraient encore améliorer, et pourquoi. Audio 22lba2111 ▶ p. 11

说 **3** Les photos de la brochure correspondent-elles à la réalité ? Pourquoi ?

读 **4** **a.** Le collège a recueilli l'avis des élèves sur les travaux effectués. Lis les résultats du sondage et complète le tableau. ▶ p. 11

学校和以前不一样了："这个地方好不好?"

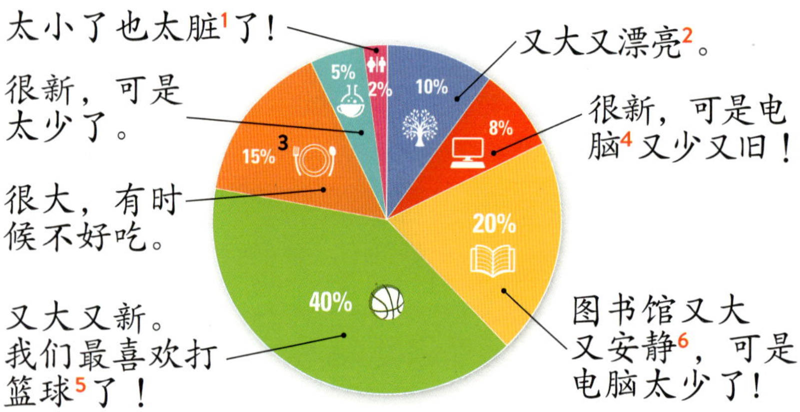

1 zāng 2 piàoliang 3 15 % = bǎifēnzhī shíwǔ 4 nǎo 5 lánqiú 6 jìng

说 **b.** Résume l'avis des élèves : quels endroits aiment-ils ou non ? Pourquoi ?

说 **该你了！**

Faites un sondage dans la classe sur les lieux que vous aimez dans votre collège et sur ceux que vous aimeriez changer. Expliquez pourquoi.
Fiche 22lba2112

Je répète et j'apprends par cœur
NIVEAU 1 2 3 Audio 22lba2113

J'apprends les caractères

校	地	方	图	小
新	旧	安	前	又

Audio 22lba2114
▶ p. 13

Je répète le lexique

J'écoute et je répète. Fiche 22lba2115

Audio 22lba2116

Au tableau, un(e) élève montre une flashcard du lexique, ses camarades font une phrase avec le mot.

Audio 22lba2117

Un(e) élève nomme un lieu de son collège, un(e) camarade réagit : 食堂 → 食堂太小了。

▶ p. 12

Je construis des phrases

Trop… !

食堂太　　小　　了！

太 + verbe qualificatif + 了！

La cantine est trop petite !

À la fois

图书馆又　　大　　又　　漂亮。

sujet + 又 + verbe qualificatif + 又 + verbe qualificatif

La bibliothèque est (à la fois) grande et belle.

Lorsque

吃饭的时候，食堂的人太多了！

(sujet) + verbe + 的时候 + proposition

Il y a trop de monde à la cantine pendant les repas !

Un(e) élève pose une question en utilisant 怎么样？, un(e) autre répond avec 太……了.

À tour de rôle, chaque élève décrit un lieu de son collège en utilisant 又……又.

Un(e) élève donne un verbe d'action en chinois, un(e) camarade l'utilise pour construire une phrase avec 的时候.

▶ p. 15

Je lis et j'écris

activités interactives 22lba2120

Les caractères

LEÇON 1 ▸p. 12

1 Voici les deux nouveaux pictogrammes de la leçon :

❶ 交 symbolisait à l'origine une personne avec les jambes croisées. Aujourd'hui, il signifie « croiser », « échanger », « transmettre ».

❷ 文 symbolisait un homme au torse tatoué. Ce tatouage était le signe d'appartenance à une tribu dont on partageait la même culture. Aujourd'hui, il signifie encore « culture », « langue ».

Observe les anciens pictogrammes et associe-les à leur forme actuelle.

a 

b 

2 Observe les caractères dans chaque ensemble. Prononce-les à voix haute et dis ce qu'ils signifient. Qu'est-ce qui les différencie ? Explique.

a. 文 交 b. 今 冷

3 Nomme chaque clé, puis lis les caractères à voix haute. Que signifient-ils ?

看 地 想 安 菜 图 晚 然 语 今

LEÇON 2 ▸p. 14

4 Voici les deux nouveaux pictogrammes de la leçon :

❶ 小 représentait trois grains de sable. Il signifie « petit ».

❷ 又 représentait une main droite de profil qui saisit un objet.

Observe les anciens pictogrammes et associe-les à leur forme actuelle.

a 

b 

5 Compare ces deux pictogrammes anciens. Qu'est-ce qui les différencie ? Explique.

6 Observe ces caractères qui comportent tous l'élément de la main. Compare les différentes formes de la main.

欢 — 有 — 手 — 我 — 打 — 对 — 最

Un peu de lecture !

Lis la brochure du Collège 253 de Pékin. Quels avantages sont mis en avant par l'école pour recruter de nouveaux élèves ?

北京[1]253中学是北京最好的学校！

在我们中学，学生们都可以好好学习：

1. 学校的图书馆很大，书也很多！学生们可以常常去图书馆看书，学习，做作业。
2. 学校的电脑[2]又多又新：有四个电脑室[3]！
3. 学校有最新的实验[4]室：学生们可以去实验室做实验。
4. 学校的老师是北京最好的。学生们可以学习很多新的东西。

身体[5]第一！

1. 学校有篮球场[6]，网球场，还有很大的操[7]场。学生们每天都可以做运动：可以跑步[8]也可以练武术[9]。
2. 学校的食堂[10]又大又新。饭菜太好吃了，对身体也很好：每天都有蔬[11]菜和水果。
3. 学校很干净[12]：学生们每天都打扫[13]。

1 Běijīng 2 nǎo 3 shì 4 shíyàn 5 shēntǐ 6 lánqiú chǎng 7 cāo 8 pǎobù 9 liàn wǔshù 10 shítáng 11 shū 12 gānjìng 13 sǎo

Je recopie et j'apprends à écrire par cœur

- 我的学校在西安。今天开学上了语文课，语文老师人很好。
- 明天上午先去学校交作业，然后上课。
- 我以前一点也不喜欢我的学校，因为很多地方又小又旧。现在最喜欢新图书馆！

Mon projet

Un concours pour améliorer la vie au collège !

L'association des élèves, 学生会, organise un concours pour améliorer la vie au collège. Avec un(e) camarade, imaginez des propositions concrètes et défendez votre projet.

写 Préparez vos arguments

Étape 1 Comment améliorer l'emploi du temps ?

1. Choisissez trois ou quatre éléments à améliorer :

   horaires | cours | pauses | ...

2. Expliquez pourquoi vous voulez les changer.
3. Proposez des solutions concrètes sur une fiche de présentation.

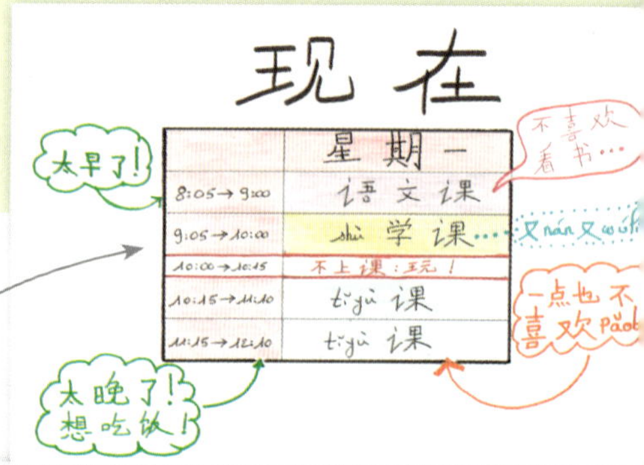

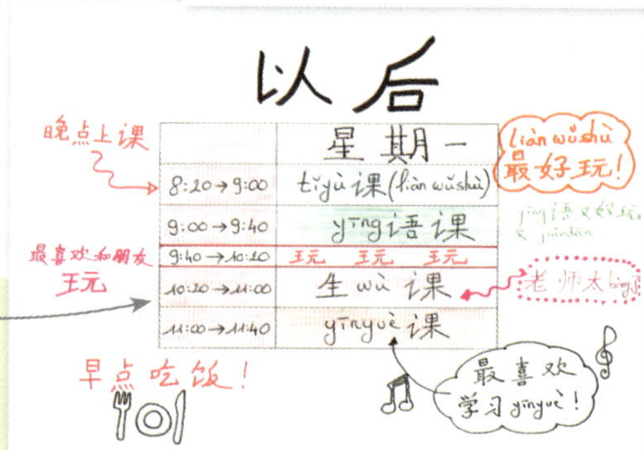

Étape 2 Quels lieux améliorer dans votre collège ?

1. Choisissez trois ou quatre lieux que vous voudriez transformer.
2. Expliquez pourquoi :

   trop petit | trop vieux | pas... | ...

3. Décrivez l'avant / après sur une fiche de présentation.
   - Préparez des images pour illustrer les changements.
   - Ajoutez quelques mots-clés.

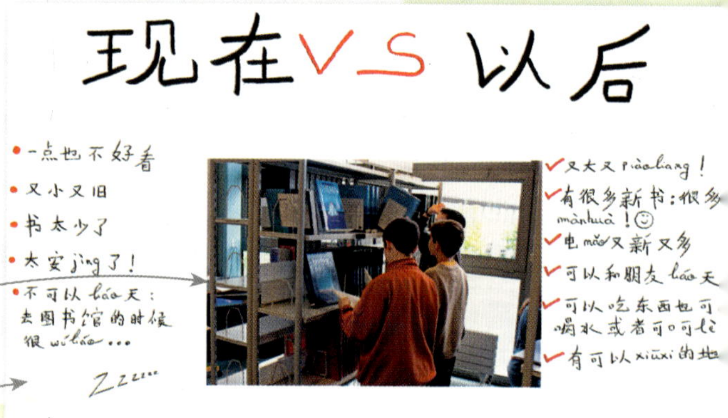

说 Défendez votre projet !

Étape 3 Présentez votre projet à l'oral

1. Décidez qui va dire quoi, et entraînez-vous à prendre la parole à partir de vos fiches. *Exemple :* Audio 22lba2121
2. Présentez votre projet à l'oral devant la classe.

La classe vote pour le meilleur projet !

Je retiens

activités interactives 22lba2122

Pour échanger sur... | **j'ai besoin de...** : mots outils / lexique

la rentrée

Exemple :

要先拿课本，然后要交作业。

Il faut d'abord prendre les manuels, puis il faut rendre les devoirs.

Mots outils

先……，然后
xiān… ránhòu
d'abord..., ensuite

Lexique

开学	kāixué	faire la rentrée
学生	xuésheng	élève
课本	kèběn	manuel
练习册	liànxí cè	cahier d'exercices
校服	xiàofú	uniforme scolaire
交作业	jiāo zuòyè	rendre les devoirs
拿	ná	prendre
打扫教室	dăsăo jiàoshì	balayer la salle de classe

les cours

Exemple :

数学课一点也不难。

Le cours de maths n'est pas difficile du tout.

Mots outils

怎么样?
zěnmeyàng
comment ?

一点也不
yìdiăn yě bù
pas du tout

太……了
tài... le
trop

Lexique

数学课	shùxué kè	cours de maths
语文课	yŭwén kè	cours de lettres
英语课	yīngyŭ kè	cours d'anglais
体育课	tĭyù kè	cours d'EPS
生物课	shēngwù kè	cours de SVT
难	nán	être difficile
简单	jiăndān	être simple
无聊	wúliáo	être ennuyeux / ennuyeuse

l'école

Exemple :

学校以前又小又旧。

Avant, l'école était petite et vieille.

Mots outils

以前
yĭqián
avant

又……又
yòu... yòu
(à la fois)... et

……的时候
de shíhou
lorsque, au moment de

Lexique

学校	xuéxiào	école
地方	dìfāng	lieu, endroit
操场	cāochăng	cour d'école
篮球场	lánqiú chăng	terrain de basket
图书馆	túshūguăn	bibliothèque
电脑室	diànnăoshì	salle informatique
实验室	shíyànshì	laboratoire
希望	xīwàng	espérer, espoir
新	xīn	être neuf / neuve
旧	jiù	être vieux / vieille (objet)
小	xiăo	être petit(e)
干净	gānjìng	être propre
脏	zāng	être sale
安静	ānjìng	être calme

汉字 : Je sais les lire et les écrire.
汉字 : Je les apprendrai plus tard.

了解中国

Dans mon collège...

NOTRE SALLE DE CLASSE
我们的教室

En Chine, chaque classe a sa propre salle et ce sont les professeurs qui se déplacent ! Deux fois par an, après les « gros » contrôles, il y a un classement des élèves. Les meilleur(e)s choisissent leur place en premier, les second(e)s ensuite, et ainsi de suite. Parfois, ce sont les plus petit(e)s qui occupent le premier rang.

ON NETTOIE NOUS-MÊME NOTRE CLASSE !
打扫教室

Après la journée de classe, on fait le ménage à tour de rôle, par rangée : 5 à 6 élèves passent le balai, la serpillière, nettoient le tableau et le bureau des professeurs. De temps en temps, on nettoie aussi les fenêtres.

LE LEVER DU DRAPEAU
升旗

Chaque lundi matin a lieu la cérémonie du lever du drapeau. Tous les élèves du collège se rassemblent dans la cour.

Plusieurs personnes prennent la parole. Les adultes nous encouragent, un(e) élève lit à voix haute une rédaction qu'il ou elle a particulièrement réussie et il y a une remise de prix.

Un groupe d'élèves sélectionnés est chargé de lever le drapeau. Vêtus d'un uniforme destiné à cette cérémonie très officielle, ils montent le drapeau en haut du mat, pendant que les autres élèves chantent l'hymne national en levant le bras.

Après la cérémonie, nous allons tous en classe.

LES CONTRÔLES 考试

Après la période des contrôles, les professeurs envoient parfois un sms à nos parents avec la moyenne de la classe, la meilleure note, la moins bonne et notre propre note. De retour à la maison, nos parents nous donnent leur avis.

LA GYMNASTIQUE DU MATIN 课间操

Pendant la récréation du matin, on se rejoint tous dans la cour, rangés par classe. Au son d'une musique bien connue, on fait de la gymnastique. Les élèves du premier rang connaissent parfaitement les mouvements et nous guident.

LES RÉVISIONS DU MATIN 早自习

En arrivant au collège le matin, on se retrouve dans la salle de classe pour réviser : des mathématiques, de l'anglais ou du chinois. On lit des textes ensemble, on fait des exercices et on récite des poésies et de la prose. La séance dure 40 minutes, comme tous les cours, puis nous avons une pause de 10 minutes.

LA GYMNASTIQUE DES YEUX 眼保健操

Deux fois par jour, au début d'un cours, on fait de la gymnastique des yeux pendant 10 minutes. On enchaîne plusieurs exercices avec des consignes précises : les yeux fermés, par exemple, on masse avec nos doigts tout le pourtour des yeux. Cela nous détend et nous fait du bien !

LA SIESTE 午睡

Chaque midi on fait une sieste de 40 minutes. On a même le droit d'apporter notre oreiller pour mieux dormir !

À vous !

Qu'est-ce qui vous surprend le plus ? Pourquoi ? À deux, reconstituez la journée d'un collégien chinois en remettant les activités dans l'ordre chronologique. ▸ p. 18

好好学习

- Écoute ces quatre proverbes en t'imprégnant de leur mélodie. Répète-les à voix haute.
  Audio 22lba2123
- Quels mots repères-tu ? Que veulent-ils dire ?
- Traduis un proverbe de ton choix pour en faire un slogan dynamique et motivant.
- Apprends par cœur deux proverbes de ton choix à l'aide de l'enregistrement.

☆ Quand tu écoutes chaque proverbe
Fais attention au rythme : repère si les strophes se composent de 3 ou de 4 caractères, et si les mots s'enchaînent avec ou sans pause. Repère aussi les répétitions.

☆ Quand tu apprends et que tu récites les proverbes
Pense à suivre le rythme de l'enregistrement en marquant une courte pause entre deux strophes.

好好学习，天天向[1]上。

拥有[2]知识[3]，改变[4]命运[5]。

失败[6]是成功[7]之[8]母[9]。

活[10]到[11]老，学到老。

À toi !

- Décore ta salle de classe en illustrant un proverbe de ton choix.

1 xiàng : vers **2** yōngyǒu : 有 **3** zhīshi : *le savoir* **4** gǎibiàn : *changer* **5** mìngyùn : *le destin* **6** shībài : *l'échec* **7** chénggōng : *la réussite* **8** zhī : 的 **9** mǔ : 妈妈 **10** huó : *vivre* **11** dào : *jusqu'à*

UNITÉ 2

Mes objectifs

听 Comprendre une conversation sur des personnages de fiction ; comprendre l'avis de lecteurs sur un roman.

说 Décrire une personne ou un personnage qu'on apprécie ; présenter un film ou un livre qui nous a plu.

说 Échanger sur des personnages ; faire des hypothèses sur une histoire à partir d'une image.

读 Comprendre un profil sur un réseau social ; comprendre le résumé d'un roman.

写 Créer un profil de réseau social ; remplir une fiche de lecture.

大家都很厉害！

Mon projet

Je crée un personnage extraordinaire et j'en fais le portrait

LEÇON 1

我最爱的人物

听 **1** Écoute 菲菲 et 乐乐, puis repère sur les images leurs personnages préférés.
Audio 22lba2201 ▶ p. 19

说 **2** À ton tour, décris une personne ou un personnage que tu aimes !

听 **3** Écoute la suite de la discussion : que dit 天一 sur ses personnages préférés ? Pourquoi ?
Audio 22lba2202 ▶ p. 19

读 **4** D'après ce que tu sais de 乐乐, lequel de ces deux profils est le sien ?

孙悟空[1]2008

14岁。 北京[2]人。

我最喜欢的人物：刘启[3]。

我的爱好：玩电子游戏[4]，打篮球[5]，和朋友聊[6]天。

蓝[7]色是我最喜欢的颜色[8]。

小熊猫[9]

大家好！我是小熊猫。

我十三岁，我学中文。

我是法国人。

我最喜欢看漫[10]画和小说。

我的头发很长，是黑色的。
家里有狗[11]。

1 Sūn Wùkōng 2 Běijīng 3 Liú Qǐ 4 yóuxì 5 lánqiú 6 liáo 7 lán 8 yánsè : *couleur* 9 xióngmāo : *panda* 10 màn 11 gǒu

A

C

写 **该你了 !**

Crée le profil de l'un des deux autres élèves.
▶ p. 19

Je répète et j'apprends par cœur
NIVEAU 1 2 3 Audio 22lba2203

J'apprends les caractères

物 黑 色 子 画
说 头 发 长 里

Audio 22lba2204
▶ p. 21

B

D

Je répète le **lexique**

J'écoute et je répète. Fiche 22lba2205

Audio 22lba2206

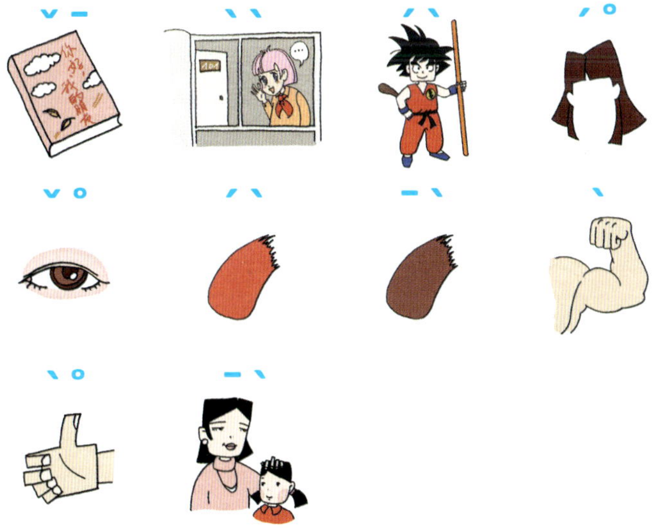

Un(e) élève choisit un mot et pose une question à un(e) camarade, qui répond.

Audio 22lba2207

Au tableau, un(e) élève montre une flashcard du lexique, ses camarades font une phrase avec ce mot.

p. 20

Je construis des **phrases**

La description physique

他 长什么样？ 他 有 大大的眼睛。

sujet + 长什么样？ sujet + 有 + complément

À quoi ressemble-t-il ? Il a de grands yeux.

Les couleurs

她的头发是 红色 的。

sujet + 是 + couleur + 的

Elle a les cheveux rouges.

Dans

家里有狗。 lieu + 里 + verbe

À la maison, on a un chien.

Un(e) élève pose une question sur un personnage avec 长什么样？ Son / sa voisin(e) répond avec 有.

Chacun(e) montre un objet. Un(e) camarade en donne la couleur sur ce modèle.

À tour de rôle, chacun(e) fait une phrase avec 里.

p. 23

LEÇON 2

开音

说 1 Travaillez à deux.
看图，你们可以说什么？

听 2 王老师是我们的语文老师。
Elle annonce l'étude d'un roman en classe. Écoute-la parler aux élèves. Vois-tu des points communs avec l'illustration ?

Audio 22lba2210

读 3 À deux, lisez le résumé du roman : qu'apprenez-vous de plus sur 开音 ?

听 4 Au club de lecture du collège, les élèves partagent leurs impressions sur le roman. Audio 22lba2211 ▶ p. 27

a. 他们喜欢什么？不喜欢什么？

b. Quels sont les mots et expressions utiles pour donner son avis ?

写 5 你是王老师的学生。
Vérifie ta compréhension de l'histoire en complétant la fiche de lecture.

▶ p. 27

说 该你了！

讲讲你喜欢的一本书或者电影。说说为什么。

Je répète et j'apprends par cœur

NIVEAU 1 2 3 Audio 22lba2212

1 yīn **2** shuāng : *paire* **3** yǎnjing : *œil* **4** tīngjiàn : *entendre* **5** shēngyīn : *les sons* **6** xiāngxià : *campagne* **7** gēge **8** Yuán : *nom* **9** dìdi **10** jiǎnzhǐ : *découper des papiers* **11** fāngshì : *façon* **12** chuī dízi : *jouer de la flûte* **13** gùshi

J'apprends les caractères

得 听 话 起 讲
非 男 女 孩 能

Audio 22lba2213

▶ p. 29

开音[1]是一个女孩子。她不会说话，可是她有一双[2]会说话的眼睛[3]，她也能听见[4]声音[5]。

开音和爸爸住在乡下[6]。她有两个好朋友，是两个男孩子。哥哥[7]叫大元[8]，他说话说得非常少。弟弟[9]叫小元，说话说得非常多。他们三个朋友每天一起去学校。

开音很喜欢剪纸[10]。她剪得很好，剪纸是她说话的方式[11]。大元吹笛子[12]吹得好，小元学习好。开音很喜欢听小元讲故事[13]，也喜欢听大元吹笛子。

Je répète le lexique

J'écoute et je répète. Fiche 22lba2214

Audio 22lba2215

Un(e) élève dit un mot du lexique, un(e) camarade fait une phrase avec ce mot.

Audio 22lba2216

Un(e) élève mime un mot du lexique, ses camarades doivent trouver ce mot.

p. 28

Je construis des phrases

Le complément d'appréciation

大元 （吹 笛子） 吹 得 很好。

sujet (+ verbe + objet) + verbe + 得 + complément

Dayuan joue très bien (de la flûte).

À tour de rôle, chacun(e) fait une phrase sur ce modèle avec 画画，做饭 ou 打篮球.

Pouvoir

开音 能 听见 声音。

sujet + 能 + verbe (+ complément)

Kaiyin peut entendre les sons.

Un(e) élève demande 你能做什么？ Son / Sa voisin(e) répond.

p. 31

Je lis et j'écris

activités interactives 22lba2220

Les caractères

LEÇON 1 ▸p. 24

1 子 est le dessin d'un bébé emmailloté. Il désigne l'enfant.

长 est le dessin d'un vieil homme aux longs cheveux marchant avec une canne. Il signifie « long ».

Observe les anciens pictogrammes et associe-les à leur forme actuelle.

a 

b 

2 Repère ci-dessous les caractères que tu connais et lis-les à voix haute.

Observe ceux que tu ne connais pas : que peuvent-ils signifier ?

人 大 太 头 天 囚 休 从 众

3 Repère les clés des caractères ci-dessous et nomme-les.

À ton avis, quel caractère signifie : a cuire ; b obscurité ; c paix ?

婚 黯 记 姑 姜 讲 活 煮 进 物 话 安

LEÇON 2 ▸p. 26

4 女 est un pictogramme qui représente une femme agenouillée. C'est une clé importante du dictionnaire. 女 (la femme) et 男 (l'homme) sont deux caractères qui reflètent le rôle de chacun dans la société chinoise ancienne.

L'homme, dont le rôle était de travailler à l'extérieur de la maison, est composé du champ 田 et de la force 力.

5 Quel est le lien entre les caractères ci-dessous ?

Lesquels as-tu déjà rencontrés ? Dans quels mots ?

妈 奶 她 娘 妹 姐 好 姓 安

6 Observe ces mots : comment sont-ils construits ? Que comprends-tu ?

男朋友 女孩子 男生 女朋友 女生 男孩子

Un peu de lecture !

À deux, lisez cet article de journal. Qui sont les interlocuteurs et où sont-ils ? Que se passe-t-il ?

超级[1]爸爸

2021年6月17日，聂海胜[2]到[3]了太空[4]舱[5]，他和女儿[6]视频[7]。

女儿："爸爸！"

聂海胜："我在呢。"

"你还好吗？你怎[8]么样？"

"都好都好，放心吧[9]！"

"这是你的太空新家吗？我想看看！"

"是呀，这是我的太空新家！你看，什么都有。"

"太酷[10]了！你还可以做运动呢！"

"是呀，是呀，我每天都做运动。"

"你在天上吃得好吗？"

"吃得好！我今天吃了牛肉和土豆米饭。"

"哇！真棒[11]！爸爸你要多休息[12]！我明天再[13]和你视频。"

"好的，你也早点休息。"

1 chāojí : *super* 2 Niè Hǎishèng : *nom de personne* 3 dào : *arriver* 4 tàikōng : *espace* 5 cāng : *capsule* 6 nǚ'ér : *fille (de quelqu'un)* 7 shìpín : *passer un appel vidéo* 8 zěn 9 fàngxīn ba ! : *rassure-toi !* 10 kù : *cool* 11 zhēn bàng : *super* 12 xiūxi 13 zài : *à nouveau*

Je recopie et j'apprends à écrire par cœur

- 这个女孩子是小说里的人物。她有黑色的长头发。
- 他们不会画画，可是很能讲话，我也喜欢听他们讲。
- 我有一个朋友，是个男孩子。我们一起学法语，他法语说得非常好。

Mon projet

Mon personnage extraordinaire

Crée un personnage extraordinaire, puis présente à la classe celui d'un(e) camarade.

写 Imagine ton personnage

Étape 1 À quoi ressemble-t-il ?

1. Choisis ses particularités physiques :
   - beau | belle | costaud(e) | ...
   - yeux bleus | yeux marrons | cheveux noirs | cheveux courts | cheveux longs | ...
2. Dessine ton personnage et donne-lui un nom.
3. Écris quelques mots-clés autour du dessin.

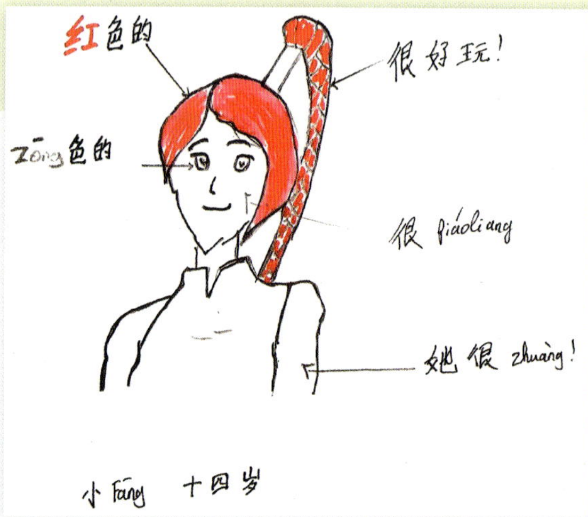

Étape 2 Quelles sont ses qualités ?

1. Sous forme de notes, décris son caractère et ses qualités :
   非常…… | 一点也不…… | 太……了! | 又……又
2. Indique ce qu'il aime faire et ses points forts :
   常常…… | 会…… | ……得……
3. Ajoute quelques phrases-clés autour de ton personnage.

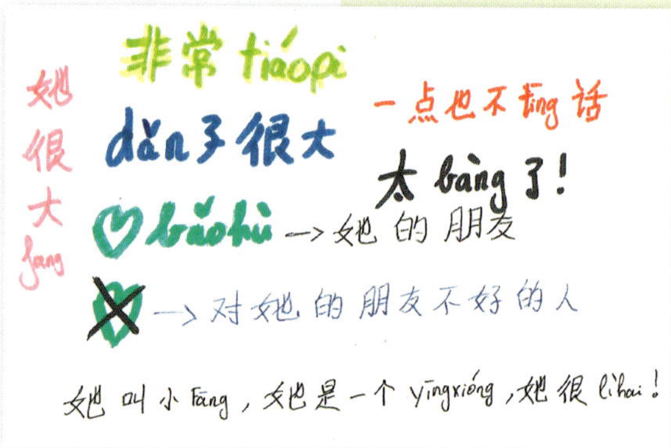

说 Présente un personnage à la classe

Étape 3 Entraîne-toi avec tes camarades

1. En groupe, piochez au hasard un personnage créé par un(e) camarade et découvrez-le.
2. Décidez qui va dire quoi. Entraînez-vous à prendre la parole en chinois à l'aide du portrait et des notes.
3. Présentez le personnage à l'oral devant la classe.

La classe vote pour élire le personnage le plus original et la meilleure présentation !

Je retiens

activités interactives 22lba2221

Pour échanger sur...

les caractéristiques physiques

Exemples :

这个人物有一双黑色的眼睛。

Ce personnage a des yeux noirs.

她的头发是红色的。

Ses cheveux sont rouges.

les qualités et les talents

Exemples :

她画得怎么样?

Comment dessine-t-elle ?

她画得非常好！

Elle dessine vraiment bien !

une histoire

Exemples :

这本漫画非常有意思！

Cette bande dessinée est très intéressante !

小元很忙，所以不常讲故事。

Xiao Yuan est très occupé ; c'est pourquoi il ne raconte pas souvent d'histoires.

汉字 : Je sais les lire et les écrire.
汉字 : Je les apprendrai plus tard.

j'ai besoin de...

mots outils

什么样?
shénme yàng
comment ? *(apparence)*

双
shuāng
classificateur de la paire

是……的
shì… de
être...

得
de
introduit le complément d'appréciation

一起
yìqǐ
ensemble

能
néng
pouvoir

非常
fēicháng
extrêmement

本
běn
classificateur des livres

里
lǐ
dans

所以
suǒyǐ
alors, donc

后来
hòulái
ensuite, par la suite

lexique

人物	rénwù	personnage
女孩子	nǚháizi	fille
男孩子	nánháizi	garçon
龙	lóng	dragon
眼睛	yǎnjing	œil
头发	tóufa	cheveux
长	zhǎng cháng	grandir être long(ue)
短	duǎn	être court(e)
壮	zhuàng	être fort(e)
哑巴	yǎba	être muet(te)
红色	hóngsè	rouge
黑色	hēisè	noir
蓝色	lánsè	bleu
棕色	zōngsè	marron

英雄	yīngxióng	héros, héroïne
性格	xìnggé	caractère, tempérament
说话	shuōhuà	parler
剪纸	jiǎnzhǐ	découper des papiers, papier découpé
吹笛子	chuī dízi	jouer de la flûte
保护	bǎohù	protéger
厉害	lìhai	être formidable
害羞	hàixiū	être timide
听话	tīnghuà	être obéissant(e)
难过	nánguò	être triste
胆子大	dǎnzi dà	être courageux / courageuse
大方	dàfāng	être généreux / généreuse

小说	xiǎoshuō	roman
漫画	mànhuà	bande dessinée, manga
故事	gùshi	histoire
讲	jiǎng	raconter
听说	tīngshuō	entendre parler de
感动	gǎndòng	être émouvant(e)
有意思	yǒuyìsi	être intéressant(e)

了解中国

L'écrit dans tous ses états

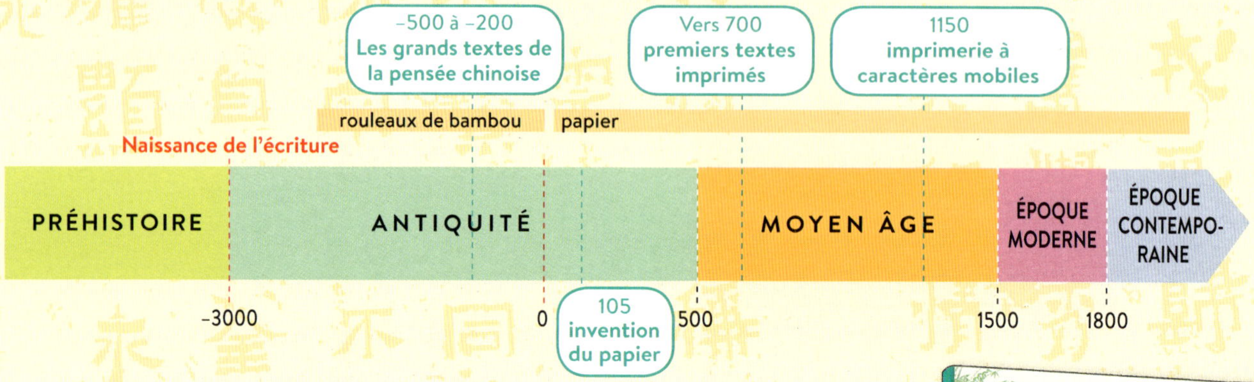

L'ÉCRIT, UNE LONGUE HISTOIRE ! 文字历史很长

▲ *L'Art de la guerre*, imprimé sur des tablettes de bambou.

Une édition moderne ▸ des *Entretiens* de Confucius

Dans le monde chinois, l'écrit occupe une place centrale depuis très longtemps. Les premiers textes apparaissent vers 1 200 av. J.-C., alors que les hiéroglyphes étaient encore utilisés en Égypte. On gravait des pictogrammes sur des carapaces de tortue pour poser des questions aux dieux. Ensuite, on a utilisé de fines lattes de bambou reliées par des cordelettes et enroulées. Il fallait de nombreux rouleaux pour transcrire une œuvre et ils étaient si lourds qu'on les transportait en charrettes ! On les a ensuite remplacés par la soie, puis par le papier. Certains textes écrits il y a 2 500 ans, comme le 论语, *Les Entretiens* de Confucius, ou le 孙子兵法, l'*Art de la Guerre* de Sun Zi, sont encore lus à l'heure actuelle !

LA NAISSANCE DE L'IMPRIMERIE

Les Chinois inventent le papier en l'an 105 et font des estampages des textes gravés sur les stèles, dont les caractères ressortent en blanc sur fond noir.
Dès le IIIe siècle, on imprime des livres à partir de planches de bois gravées. L'imprimerie à caractères mobiles apparaît au XIIe siècle.

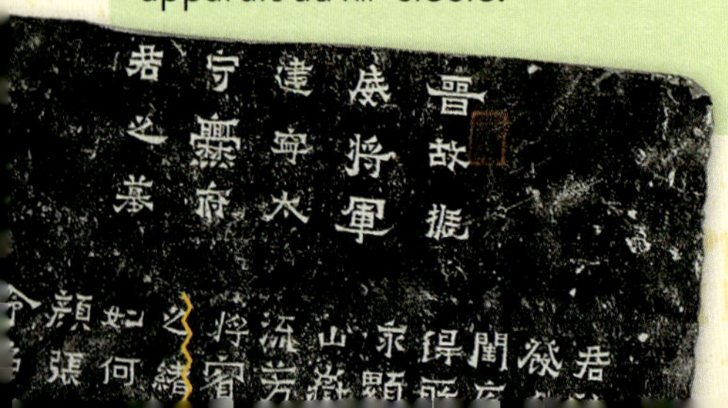

LE SENS DE L'ÉCRITURE : HORIZONTAL OU VERTICAL ?

Autrefois, les textes étaient écrits de haut en bas en colonnes, et de droite à gauche. Aujourd'hui, les caractères se succèdent de gauche à droite et en lignes, comme dans tes livres ! À Taïwan et Hong Kong, on édite encore beaucoup de romans sur le modèle traditionnel. La calligraphie est presque toujours tracée de haut en bas.

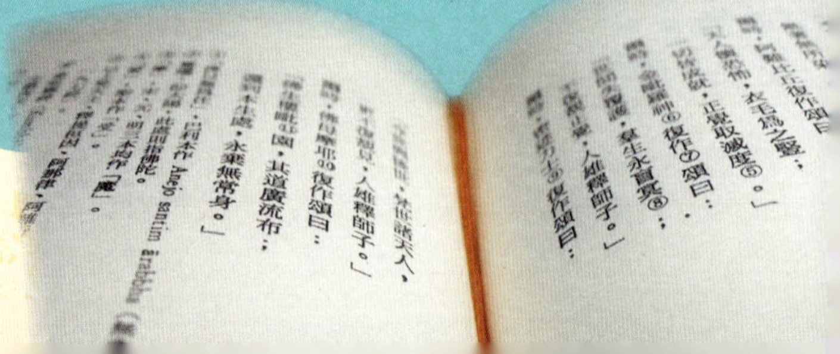

LA LECTURE POUR TOUS ET PARTOUT

En Chine, on lit partout, même debout dans la rue où les journaux sont affichés dans des vitrines ! On trouve aussi d'immenses librairies. La librairie futuriste Zhōngshūgé 钟书阁书店 à Chengdu a une architecture extraordinaire qui lui donne une allure de cathédrale !

Les internautes lisent beaucoup de web-littérature 网络文学, dont le principe est simple : toute personne, écrivain(e) ou non, peut publier ses récits sur Internet. Plus ces récits ont de succès, plus ils ont de chances d'être publiés et d'attirer des abonnés. Ainsi, les lecteurs / lectrices peuvent échanger avec l'auteur(e) et se regrouper comme des fans autour d'une star !

LE 连环画, ANCÊTRE DU 漫画

À l'origine, on lisait des liánhuánhuà 连环画 (« guirlandes d'images »), une sorte de bande dessinée sans bulle dans laquelle des peintures sont associées à un texte. Les 连环画 racontent des épisodes historiques, des histoires de guerres, d'amour ou d'amitié… Il y a aussi de nombreuses caricatures !

Au XIXe siècle, ils se répandent à travers l'Asie et inspirent les mangas 漫画 au Japon. Comme toi, les jeunes Chinois lisent aujourd'hui beaucoup de 漫画.

À vous !

À deux, lisez toute la double-page. Qu'est-ce qui vous surprend le plus ? Pourquoi ? ▸ p. 34

三毛

- Observe attentivement cette planche de 连环画. Que comprends-tu ?
- Repère dans le texte les mots que tu connais, puis indique à quels détails de l'image ils correspondent.
- Décris la scène en chinois à l'oral.
- Quel est le message de cette illustration ?

> ☆ Quand tu observes l'image
> Regarde bien les détails : composition, contrastes, couleurs, personnages…
>
> ☆ Pour comprendre le texte
> Appuie-toi sur les mots que tu connais déjà et aide-toi de l'image.

屋[1]里屋外[2]两个世界[3]。屋里很热，有钱[4]人的孩子在吃冰淇淋[5]。屋外很冷，三毛[6]和他的朋友两个人都冷得直发抖[7]。三毛他们非常羡慕[8]屋里的世界。

1 wū : *pièce, maison* 2 wài : *à l'extérieur* 3 shìjiè : *monde* 4 qián : *argent* 5 bīngqílín 6 máo 7 zhí fādǒu : *trembler de tout son corps* 8 xiànmù : *envier*

Zhāng Lèpíng
张乐平 (1910-1992) est un célèbre dessinateur, dont les œuvres reflètent la vision de la société par le petit peuple. Il est le « père » de Sanmao, personnage très populaire qui tire son nom des trois cheveux sur sa tête.
Créée entre 1947 et 1949, cette œuvre dépeint de manière saisissante le sort tragique de Sanmao, enfant errant de Shanghai. L'œuvre a été adaptée en film, dessin animé et comédie musicale, etc. En Chine, tout le monde connaît San Mao.

À toi !

- Crée ton extrait de 连环画 : dessine une vignette ou recherche une illustration, puis rédige une légende en chinois.

UNITÉ **FLASH**

Mes objectifs

- 听 Comprendre des conversations sur les retrouvailles et les préparatifs du Nouvel An ; comprendre des vœux pour la nouvelle année.
- 说 Enregistrer un message vocal pour raconter son réveillon.
- 读 Comprendre des échanges de textos sur le Nouvel An.
- 写 Réaliser une carte de vœux.

过年了！

Mon projet »» **Nous réalisons une exposition de cartes de vœux pour le Nouvel An chinois**

LEÇON

回老家团圆

听 **1** 星星 va bientôt retrouver sa grand-mère pour le Nouvel An et lui téléphone. **Audio** 22lba2230

a. À ton avis, de quoi vont-ils parler ?

b. Écoute et vérifie. Qu'as-tu compris ?

c. Quels membres de la famille as-tu reconnus ? En as-tu repéré d'autres ?

说 **2** Regarde cette photo. À ton avis, qui est réuni autour de la table et pourquoi ?

听 **3** **a.** Écoute leur conversation. Avais-tu bien deviné ? **Audio** 22lba2231

b. Écoute à nouveau : ▶ p. 35

- Quelle est l'humeur du grand-père ?
- Que souhaite 星星 à son grand-père ?
- Et à ses parents ?

读 **4** Comme souvent le soir du réveillon, les gens s'envoient des messages.

Doc **1** 星星, qui est rentré à la campagne, échange avec son ami.

a. Lis leur conversation et repère pour chacun les informations suivantes :

lieu | repas | activités ▶ p. 35

b. Quelles différences relèves-tu ?

Doc **2** Lis la deuxième conversation.

a. Qui écrit à qui ?

b. 好好学习　天天向上

De quoi s'agit-il ?

说 **该你了!**

星星 appelle son ami le lendemain du Nouvel An et lui laisse un message pour lui raconter sa soirée. Imagine ce qu'il lui dit :

repas | famille | étrennes | activités

Je répète et j'apprends par cœur

NIVEAU 1 | 2 | 3 | **Audio** 22lba2232

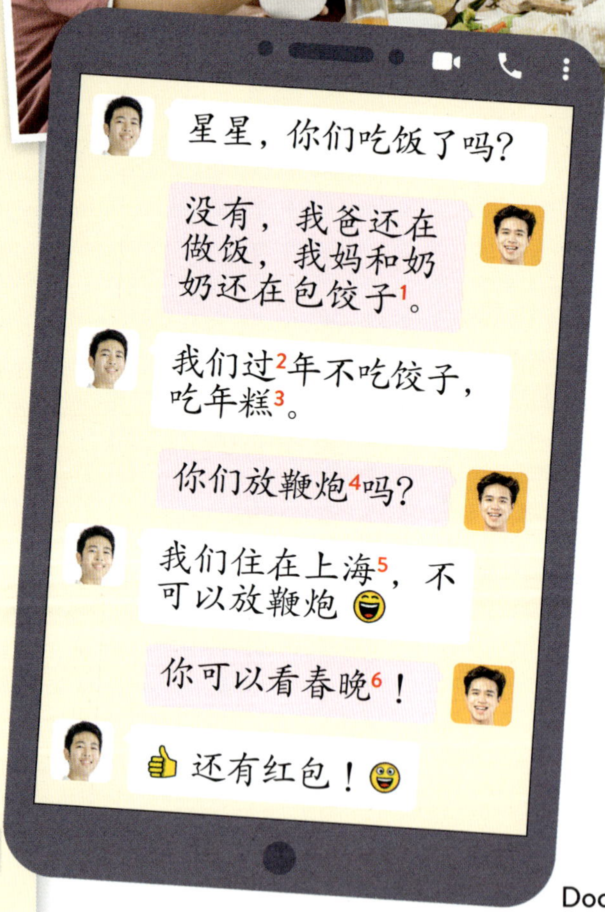

Doc **1**

1 bāo jiǎozi : *faire des raviolis* 2 guò 3 nián gāo : *gâteau du Nouvel An* 4 fàng biānpào 5 hǎi
6 chūn wǎn : *gala du réveillon*

Doc 2

Je répète le lexique

J'écoute et je répète. Fiche 22lba2233

Audio 22lba2234

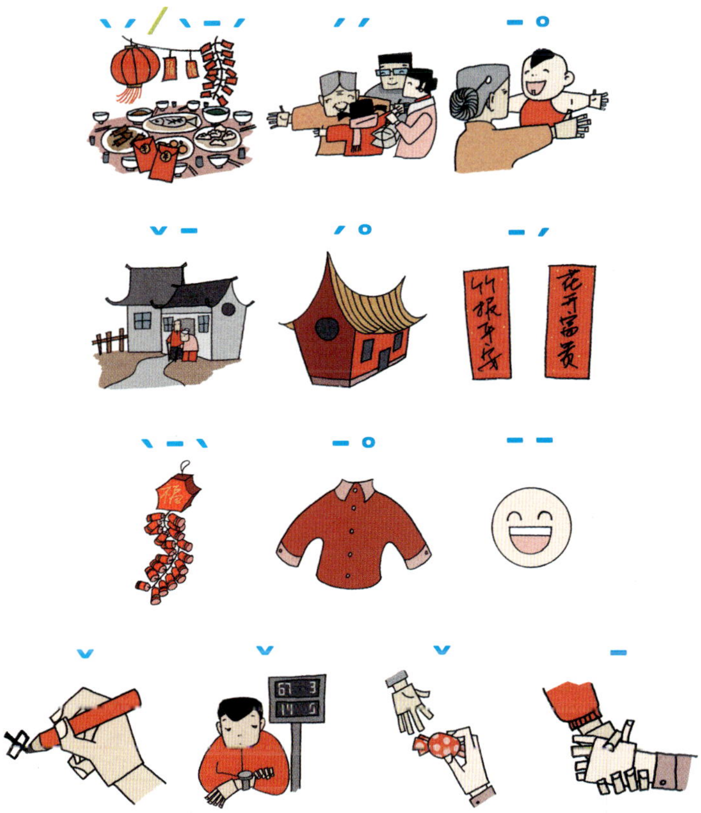

Un(e) élève mime un mot du lexique, ses camarades le nomment en chinois.

Audio 22lba2235

Un(e) élève choisit un mot et un membre de la famille, un(e) camarade fait une phrase avec ces deux éléments.

▶ p. 36

Je retiens Fiche 22lba2236 activités interactives 22lba2237

了解中国

Une nouvelle année !

Les festivités du Nouvel An chinois, aussi appelées fête du Printemps 春节, durent deux semaines : de la nouvelle lune à la pleine lune.

农历
LE CALENDRIER LUNAIRE

L'année chinoise commence à la deuxième nouvelle lune qui suit le solstice d'hiver, entre le 22 janvier et le 19 février. Les festivités prennent fin à la pleine lune, 15 jours plus tard.

➜ Recherche la date du prochain Nouvel An chinois dans un calendrier.

大年三十
UNE NOUVELLE ANNÉE !
新年快乐！

La veille du Nouvel An, on colle des sentences parallèles 对联 de chaque côté de la porte.

Le réveillon rassemble toute la famille autour d'un grand repas. Le programme TV « spécial réveillon » 春节晚会 est suivi par plus d'un milliard de Chinois dans le monde !

腊月二十三、二十四
LE GRAND MÉNAGE
扫房子

La famille se prépare pour la fête du Printemps : on fait un grand ménage pour enlever toute poussière qui pourrait porter malheur.

放鞭炮，鬼没了！
INCONTOURNABLES PÉTARDS !

Comme la couleur rouge, les pétards font peur aux démons et les tiennent à distance !

En ville, on les remplace par des guirlandes de pétards électroniques qui imitent le bruit des explosions. À la campagne, on continue de faire parler la poudre : un moment que tout le monde attend avec impatience !

正月初一

BONNE ANNÉE ! 过年好！

Le jour du Nouvel An, on porte des vêtements rouges et neufs 穿新衣 pour présenter ses vœux à son entourage 拜年. On serre les mains devant soi, un geste que l'on reconnaît dans le caractère 拜. Les jeunes rendent alors visite aux anciens.

红包 LES ENVELOPPES ROUGES

Le Nouvel An est l'occasion d'offrir des étrennes dans des enveloppes rouges richement décorées. Aujourd'hui, on peut envoyer des 红包 électroniques sur les réseaux sociaux.

正月初二

LA VISITE À LA FAMILLE 回娘家

Le premier jour de l'année, on rend visite à la famille maternelle, puis les jours suivants au reste de la famille. On offre des cadeaux, toujours en nombre pair : fruits, viande séchée, gâteaux, ... Et on partage un bon repas !

正月十五

LA FÊTE DES LANTERNES 元宵节

Le soir de la première pleine lune, on sort pour l'admirer. Partout, sont accrochées des lanternes 灯笼, sur lesquelles figurent des devinettes 灯谜. On se régale de boulettes de riz glutineux 汤圆 à la farce sucrée (sésame noir, pâte de haricot rouge ou de cacahuète), symboles de l'unité familiale. C'est la fin des festivités.

À vous !

Le Nouvel An chinois est fêté dans de nombreux endroits du monde. Faites des recherches, choisissez un lieu et présentez trois photos marquantes à la classe. ▸ p.42

Mon projet

Une exposition de cartes de vœux pour le Nouvel An chinois

À l'occasion du Nouvel An chinois, vous préparez une exposition réunissant les plus belles cartes de vœux réalisées par la classe.

写 Crée ta carte de vœux

Étape 1 **Comment fabriquer ma carte de vœux en 3D ?**

1. Fabrique une porte à deux battants dans une feuille de papier rouge. ▶ p. 42
2. Écris des sentences parallèles sur les côtés de la porte et en haut (à l'intérieur).
3. Décore l'intérieur avec un dessin et le caractère de l'animal du zodiaque pour l'année à venir.
4. Ouvre les battants de la porte et glisse à l'intérieur tes symboles préférés du Nouvel An chinois :
   - une enveloppe rouge,
   - une formule de vœux calligraphiée : 过年好！ 新年快乐！ 大吉大利！
   - des dessins ou des photos de quelques plats typiques, ...

说 Offre ta carte de vœux

Étape 2 **Sélectionnez les cartes les plus réussies puis exposez-les à l'entrée du collège ou au CDI.**

La classe vote pour les plus belles cartes.

Étape 3 **Après l'exposition, offre ta carte à la personne de ton choix en lui souhaitant la bonne année.**

祝你新年快乐！

UNITÉ 3

Mes objectifs

- 听 Comprendre des échanges sur les sorties, les transports et les achats entre amis.
- 说 Expliquer des projets de sortie entre amis ; présenter à la classe son *hanfu* idéal.
- 说 Échanger sur ses loisirs et ses préférences, puis les comparer avec ceux d'un ami.
- 读 Comprendre un message d'interdiction, des données GPS et une affiche événementielle.
- 写 Présenter ce que l'on aime faire avec ses amis et pourquoi ; rédiger le bilan d'un test de compatibilité.

和朋友出去玩

Mon projet **Je réalise un test de compatibilité avec un(e) camarade**

LEÇON 1

怎么走？

听 **1** Samedi matin, 王天一, 陈文 et 李心 échangent des messages vocaux. Écoute et trouve :

a. ce qui change pour eux cette année,
b. ce qu'ils souhaitent faire,
c. leur état d'esprit à la fin de l'échange :
☺ ☹ Pourquoi ?

Audio 22lba2300 ▶ p. 45

读 **2** À deux, lisez le message qui s'affiche sur leur portable. Pourquoi ne peuvent-ils pas se connecter ?

1 wèichéngniánrén : 孩子 **2** jǐnkě : 只能 **3** zhōu : 星期
4 jiéjiàrì : *vacances* **5** 时 : 点 **6** dào : *jusqu'à* **7** yóuxì

说 **3** **a.** Que pourraient-ils faire de leur journée ? Regarde la carte de leur quartier et imagine ce qu'ils pourraient décider.

听 **b.** Écoute et vérifie : que décident-ils de faire ?

c. Peuvent-ils tous venir ? Pourquoi ?

Audio 22lba2301 ▶ p. 45

说 **4** Tu es 陈文 : laisse un message vocal à ton amie 刘宁 pour lui expliquer ce que vous allez faire et lui proposer de vous rejoindre.

读 **5** Regarde les portables des trois amis : quel moyen de transport est le plus rapide pour chacun ?

写 **该你了 !**

你呢？你喜欢和朋友做什么？为什么？

Je répète et j'apprends par cœur

NIVEAU 1 2 3 Audio 22lba2302

1 bówù **2** gōngyuán : *parc* **3** shāngchǎng
4 mǐ : *mètre* **5** lù : *numéro du bus* **6** zhàn : *station*
7 yuán : *monnaie chinoise* **8** gōnglǐ : *kilomètre*
9 hàoxiàn : *ligne de métro* **10** lùkǒu : *carrefour*

J'apprends les caractères

商 场 店 怎 坐
车 走 路 间 钟

Audio 22lba2303 ▶ p. 47

Je répète le lexique

J'écoute et je répète. Fiche 22lba2304

Audio 22lba2305

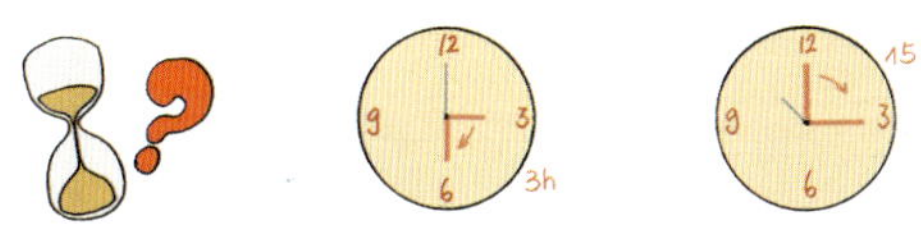

只

seulement

Au tableau, un(e) élève montre une flashcard du lexique, un(e) camarade fait une phrase avec ce mot.

Audio 22lba2306

À tour de rôle, chaque élève dit un lieu du lexique en chinois, un(e) camarade dit comment s'y rendre.

p. 46

Je construis des phrases

Comment faire ?

你　怎么　回家？　　我　走路　回家。

sujet + 怎么 + verbe ?　　sujet + moyen + verbe

Comment rentres-tu chez toi ?　　Je rentre à pied.

À tour de rôle, chaque élève pose une question avec 怎么 et un(e) camarade répond.

La durée

你　回家　要　多长时间？　　我　回家　要　20分钟。

sujet + verbe + 要 + 多长时间？　　sujet + verbe + 要 + durée

Combien de temps te faut-il pour rentrer ?　　Il me faut 20 minutes pour rentrer.

À tour de rôle, chacun(e) dit combien de temps il lui faut pour rentrer chez lui / elle.

p. 49

LEÇON 2

汉服多少钱?

读 **1** Au centre commercial, les amis passent devant une affiche.

a. À ton avis, quel événement est annoncé ?

1 hànfú 2 jié 3 huódòng 4 biǎoyǎn : *spectacle*
5 bǐsài : *concours* 6 tiàowǔ : *danser ; danse*
7 chànggē : *chanter* 8 chuān 9 piàoliang

听 **b.** Écoute la conversation et vérifie tes hypothèses. Que décident de faire les trois amis ? Audio 22lba2310

听 **2** Observe la vitrine. Écoute et trouve quelle tenue chacun préfère. Audio 22lba2311

听 **3** Écoute la suite de la conversation. Quels choix font-ils ? Pourquoi ? Combien chacun a-t-il dépensé ?
Audio 22lba2312 ▶ p. 52

说 **该你了！**

Tu as 300 yuans, compose ton *hanfu* idéal : choisis un modèle, des couleurs et des accessoires. Présente-le à la classe.

J'apprends les caractères

穿 衣 服 汉 钱
元 白 百 贵 更

Audio 22lba2314 ▶ p. 53

Je répète et j'apprends par cœur
NIVEAU 1 2 3 Audio 22lba2313

Je répète le lexique

J'écoute et je répète. Fiche 22lba2315

Audio 22lba2316

Audio 22lba2317

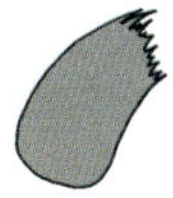

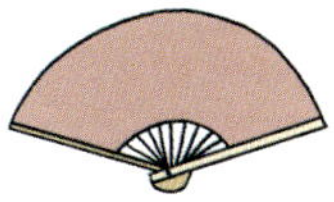

Un(e) élève nomme un objet de la vitrine ci-contre, un(e) camarade donne sa couleur.

Audio 22lba2318

Un(e) élève demande le prix d'un objet de la vitrine, un(e) camarade lui répond.

p. 52

Je construis des phrases

Encore plus

我喜欢红色，可是我更喜欢黑色。

sujet + 更 + verbe...

J'aime le rouge, mais je préfère le noir.

Un(e) élève demande à un(e) camarade s'il / elle aime une couleur ou une activité. Il / Elle répond, puis indique une couleur ou une activité qu'il / elle aime encore plus.

Pareil

她和我一样，喜欢红色的汉服。

A 和 B + 一样 + verbe...

Elle aime comme moi les *hanfu* rouges.

À tour de rôle, chaque élève utilise des mots du lexique pour former une phrase avec cette structure.

p. 55

Je lis et j'écris

activités interactives 22lba2320

Les caractères

LEÇON 1 ▸p. 42

1 车 est le nouveau pictogramme de la leçon. Il représente un char vu du dessus et désigne un véhicule.

Observe le caractère dans sa forme archaïque : à quoi reconnais-tu un char ?

2 Observez ces mots à deux : qu'ont-ils en commun ? Appuyez-vous sur la signification de chaque caractère pour en deviner le sens.

小车 马车 开车 上车 下车

坐车 校车 电车 新车 旧车

3 Nomme la clé de chaque caractère. Que signifient-ils ? Lis-les à voix haute. Dans quels mots les as-tu déjà rencontrés ?

店 钟 路 怎

LEÇON 2 ▸p. 44

4 Voici les deux nouveaux pictogrammes de la leçon :

1. 白 représente un grain de riz bien blanc. Il signifie « blanc ».
2. 衣 représente la partie supérieure d'un habit avec le col et les manches. Il signifie « vêtement ».

Observe les anciens pictogrammes et associe-les à leur forme actuelle.

5 a. Dans quels caractères as-tu déjà vu l'élément 白 ?

b. Repère 白 dans les caractères suivants : où est-il placé ?

伯 皇 皂 皙 拍 泊 怕 的

c. À deux, devinez le sens des mots et expressions ci-dessous en vous appuyant sur les caractères que vous connaissez.

白天 白水 白菜 明白 白做 不明不白

6 Nomme la clé de chaque caractère. Lesquelles as-tu apprises dans cette leçon ?

穿 汉 服 钱 百 贵 更

Un peu de lecture !

Plusieurs élèves témoignent dans le journal du collège à la suite d'une nouvelle importante.

a. En binôme, lisez deux textes chacun puis échangez vos informations.

b. Qu'est-ce qui a changé dans la vie de ces collégiens ?

中学周报[1]

一起聊[2]天！

刘安安

今年没有补习班[3]，我太高兴[4]了，因为我有更多的时间和朋友出去玩，我们喜欢一起去商场逛[5]商店、买衣服、去电影院[6]看最新的电影、或者去游戏厅[7]。周末[8]可以和爸爸妈妈出去玩。

马红

我以前每天晚上都要去补习班，太忙[14]了！回家以后还要做作业，很晚睡觉[15]。现在我有更多的时间可以休息。我喜欢下课以后先回家做作业，然后玩手机。可是作业还是很多。

王天一

我觉[9]得有没有补习班都一样。我每天下课以后都要去游泳[10]馆游一个小时，因为我爸爸妈妈要我多做运动。周末我还有很多课：音乐[11]课、书法[12]课、画画课。我还是没有时间休息[13]。

白爱林

我以前和现在都不去补习班，因为太贵了。可是今年的作业还是很多。我也很失望[16]，因为今年只能星期五、星期六和星期天玩一个小时的游戏，时间太少了！

4

1 zhōubào : *hebdomadaire* 2 liáo 3 bǔxíbān 4 gāoxìng 5 guàng 6 diànyǐng yuàn 7 yóuxì tīng 8 zhōumo 9 jué 10 yóuyǒng 11 yīnyuè 12 shūfǎ : *calligraphie* 13 xiūxi 14 máng 15 shuìjiào 16 shīwàng

Je recopie et j'apprends à écrire par cœur

- 白色的汉服多少钱？不太贵：一百四十五元。
- 你怎么去学校？我走路去。要多长时间？要二十分钟。
- 我今天坐车去商场的汉服店买衣服。我更喜欢穿白色的汉服。

Mon projet — Le test de compatibilité

你和你的朋友一样吗？

Vérifiez vos points communs

Étape 1 **Faites le test en binôme**

Chacun(e) de votre côté, entourez dans chaque case l'élément qui vous correspond le mieux.

▸ p. 59

Exemple :

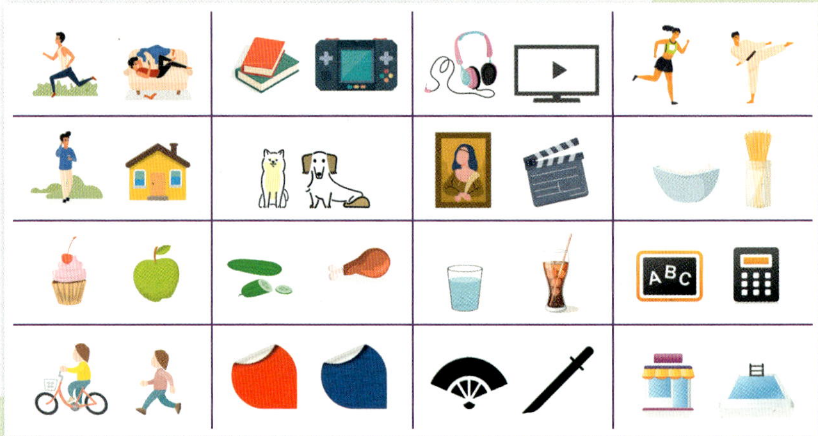

Étape 2 **Êtes-vous compatibles ?**

1. Interrogez-vous mutuellement sur vos préférences et notez les réponses dans votre cahier.
2. Combien de points communs avez-vous ? Vérifiez sur la frise votre degré de compatibilité !

你更喜欢看书还是玩手机？

我和你不一样，我更喜欢看书！

0 和我很不一样 5 和我不太一样 10 和我一样 16 points

Faites un portrait croisé

Étape 3 **Récapitulez les résultats du test**

你和你的朋友一样吗？为什么？

Ensemble, rédigez le résultat du test de compatibilité. Précisez vos points communs et vos différences.

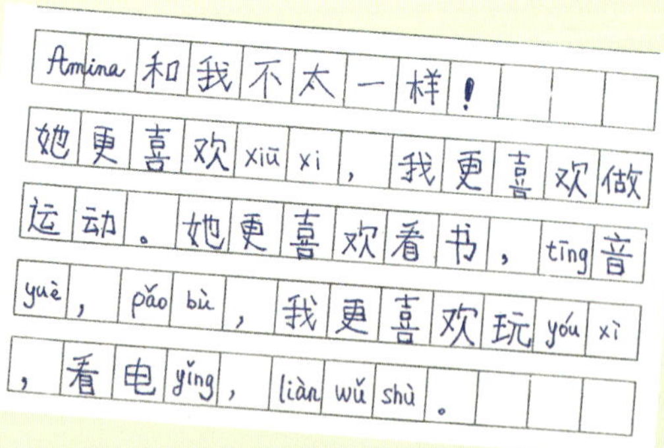

Je retiens

activités interactives 22lba2321

Pour échanger sur...

les sorties entre amis

Exemple :

我和你一样，喜欢逛商店。

Comme toi, j'aime beaucoup faire les magasins.

les transports et la durée

Exemples :

你怎么去商场？

Comment vas-tu au centre commercial ?

我坐公交车去，只要二十分钟。

J'y vais en bus, ça ne prend que 20 minutes.

les achats et les prix

Exemples :

白色的汉服多少钱？

Combien coûte le *hanfu* blanc ?

不贵：一百元，可是我更喜欢红色的。

Il n'est pas cher : 100 yuans, mais je préfère le rouge.

j'ai besoin de...

mots outils

和……一样
hé… yíyàng
identique ; comme

怎么？
zěnme
comment ?

多长时间？
duōcháng shíjiān
combien de temps ?

只
zhǐ
seulement

……多少钱？
duōshao qián
combien coûte… ?

更
gèng
encore plus, davantage

件
jiàn
classificateur (vêtements)

把
bǎ
classificateur (objets tenus à la main)

lexique

补习班	bǔxíbān	cours privé
高兴	gāoxìng	être heureux / heureuse
失望	shīwàng	être déçu(e)
节	jié	fête, festival
活动	huódòng	activité
商场	shāngchǎng	centre commercial
(逛)商店	(guàng) shāngdiàn	(faire) les magasins
买衣服	mǎi yīfu	acheter des vêtements
游泳馆	yóuyǒngguǎn	piscine
电影院	diànyǐngyuàn	cinéma
游戏厅	yóuxìtīng	salle de jeux vidéo
卡拉OK	kǎlāOK	karaoké

小时	xiǎoshí	heure *(durée)*
分钟	fēnzhōng	minute *(durée)*
公交车	gōngjiāochē	bus
地铁	dìtiě	métro
自行车	zìxíngchē	vélo
坐	zuò	prendre *(voiture, bus, métro, train)*
骑	qí	prendre *(vélo, moto, cheval)*
走路	zǒulù	marcher

穿	chuān	porter *(vêtement)*
汉服	hànfú	*hanfu*
颜色	yánsè	couleur
白色	báisè	blanc
黄色	huángsè	jaune
绿色	lǜsè	vert
灰色	huīsè	gris
扇子	shànzi	éventail
剑	jiàn	épée
伞	sǎn	ombrelle, parapluie
帽子	màozi	chapeau
百	bǎi	cent
元 / 块	yuán / kuài	yuan *(monnaie)*
贵	guì	coûter cher
便宜	piányi	être bon marché

汉字 : Je sais les lire et les écrire.
汉字 : Je les apprendrai plus tard.

了解中国

Une petite histoire de la mode

Aujourd'hui, certains jeunes Chinois portent la tenue traditionnelle, le 汉服, lors de festivals ou de défilés. La tendance est apparue avec les séries télévisées dont l'intrigue se déroule dans la Chine ancienne et avec les réseaux sociaux, où de nombreux jeunes se mettent en scène pour valoriser la culture chinoise. Les élèves portent même le 汉服 dans certaines écoles traditionnelles !

Dynastie Zhou
vers 1046 av. J.-C. – 256 av. J.-C.
周制汉服

Dynastie Tang
618 – 907
唐制汉服

Dynastie Ming
1368 – 1644
明制汉服

LA TENUE TRADITIONNELLE

Il existe une grande variété de 汉服 et chaque période a son propre style. La tenue est composée d'une longue jupe nouée autour de la taille sur laquelle on porte une large chemise à manches longues, ouverte sur le devant. Les femmes portent des couleurs vives aux motifs inspirés de la nature (fleurs, animaux), les hommes des tenues plus sobres.

À LA CONQUÊTE DE L'ASIE !

Le 汉服 a inspiré les tenues des pays voisins. Le kimono japonais est une longue robe en forme de T à col croisé avec de longues manches carrées, maintenue par une large ceinture. Le *hanbok* coréen est caractérisé par des couleurs vives et des lignes simples.

UNE TÊTE BIEN FAITE

Sous l'empire, les hommes comme les femmes portent les cheveux longs. Ils sont attachés en chignon et recouverts d'un chapeau ou d'une coiffe parfois très lourde ornée de pendentifs. Sous la dynastie des Qīng 清 (1644-1911), les hommes doivent se raser l'avant de la tête et porter une longue natte en signe de soumission à l'empereur mandchou. Adopter une autre coiffure était considéré comme une trahison et passible de mort !

LE QÍPÁO

Le XXe siècle et l'ouverture de la Chine sur le monde entraînent de grands changements vestimentaires. Dans les années 1920, le 旗袍 qípáo s'impose dans les grandes villes. Avec son col montant et ses manches courtes, cette longue robe revisitée sous l'influence occidentale est fendue de chaque côté des jambes et portée près du corps. Elle devient le symbole de la femme chinoise riche, belle et moderne.

LE COSTUME ZHONGSHAN

Au XXe siècle, les hommes abandonnent la robe traditionnelle à col droit pour le 中山装 zhōngshān zhuāng, du nom du premier président de la République chinoise, 孙中山, Sun Zhongshan. C'est un ensemble fonctionnel composé d'un pantalon droit et d'une veste à quatre poches avec un col rabattu. Plus connu en Occident sous le nom « costume Mao », il refait son apparition aujourd'hui.

L'UNIFORME DES GARDES ROUGES

De 1966 à 1976, pendant la Révolution culturelle, les Gardes rouges adoptent l'uniforme militaire pour refléter une société nouvelle : pantalon, veste et casquette sont kaki, gris ou bleu. Des millions de jeunes, hommes et femmes, le portent alors en signe de patriotisme.

À vous !

Qu'est-ce qui vous surprend le plus sur ces pages ? Comment ont évolué les tenues vestimentaires en Chine à travers le temps ? À quels événements historiques sont-ils liés ? ▸ p. 59

ATELIER THÉÂTRE

我要出去玩！

- Écoutez la scène plusieurs fois pour comprendre l'ensemble du scénario. **Audio** 22lba2322
- À deux, lisez le texte pour vérifier votre compréhension.
- Répartissez-vous les rôles, puis apprenez vos répliques par cœur à l'aide de l'audio. **Audio** 22lba2322
- Entraînez-vous à les dire plusieurs fois avant de jouer toute la scène.

☆ Quand tu écoutes la scène
Fais attention au rythme et aux intonations.
☆ Quand tu apprends par cœur
Travaille avec ton / ta camarade, puis seul(e).

☆ Quand tu récites tes répliques
Reproduis exactement l'audio en respectant les pauses et en exagérant les exclamations.
N'oublie pas de respecter les tons.
☆ Si tu as oublié une phrase
Plutôt que de chercher à réciter mot à mot, repense à l'idée générale et reconstruis une phrase correcte.

Situation : 帅帅 *a plus de temps libre cette année et veut en profiter pour sortir avec ses amis mais elle doit convaincre son père. Il est d'abord réticent, mais finit par céder face à l'insistance de sa fille.*

帅帅：爸爸，我周末[1]想和朋友出去玩，可以吗？
爸爸：你作业做了吗？周末不能出去，要在家学习！*(sur un ton sévère)*
帅帅：现在周末没有补习班[2]了，作业也不多，为什么我不能出去？*(déçue)*
爸爸：出去玩多累[3]呀！周末有空[4]，你不可以在家里看看书、画画，休息[5]一下吗？
帅帅：我不喜欢看书和画画，我想去看电影[6]，也想和朋友去商场买衣服。
爸爸：还买衣服？你有太多衣服了！*(scandalisé et un peu moqueur)* 红色的、黑色的、蓝[7]色的、棕[8]色的、白色的、绿[9]色的、灰[10]色的，都有！
帅帅：对，对，可是我没有黄[11]色的衣服！妈妈说我的裤子[12]不好看。爸爸你能给[13]我钱买衣服吗？
爸爸：*(mécontent)* 太贵了，别浪费[14]钱！！！
帅帅：我朋友都能买！为什么我不能？又不贵！
爸爸：*(en ronchonnant)* 你要多少钱？
帅帅：不多，两百。我只买几件[15]。
爸爸：好好！给你，三百，拿[16]好！*(plus gentiment)* 早点儿回家！

1 zhōumò 2 bǔxíbān 3 lèi 4 kòng 5 xiūxi 6 yǐng 7 lán 8 zōng 9 lǜ 10 huī 11 huáng 12 kùzi : *pantalon* 13 gěi : *donner* 14 bié làngfèi : *ne pas gaspiller* 15 jǐ jiàn : *quelques* 16 ná

À toi !

- Jouez la saynète devant vos camarades. N'oubliez pas d'être drôles !

UNITÉ 4

Mes objectifs

- 听 Comprendre une annonce radio ; comprendre des témoignages et des alibis dans une enquête.
- 说 Faire un compte-rendu d'enquête ; présenter des suspects à partir de leur profil.
- (说) Échanger et répondre à des questions sur une enquête ; confronter ses hypothèses argumentées.
- 读 Lire les notes d'un enquêteur et les profils de suspects.
- 写 Prendre des notes sur les informations essentielles concernant un fait divers.

小偷是谁?

Mon projet ››› Je résous une énigme policière

LEÇON 1

书法被偷了！

听 **1** **a.** Écoute et identifie la nature du message. Qu'est-ce qui te permet de le dire ?

b. Écoute à nouveau. Que s'est-il passé ?

Sū Dōngpō : peintre et calligraphe de la dynastie Song

Audio 22lba2400

听 **2** **a.** Tu vas entendre deux témoins.
- Qui sont-ils ?
- Qu'apprends-tu de plus ?

Audio 22lba2401

写 **b.** Complète tes notes personnelles dans ton carnet d'enquête. ▸ p. 60

读 **3** À deux, lisez les notes de l'inspecteur 包. ▸ p. 60

a. Il a quelques doutes. Quels sont-ils ?

b. Qui est le nouveau témoin ? Qu'avez-vous appris de plus ?

(说) **4** **a.** À deux, comparez vos notes et faites le point sur l'enquête !

b. À ce stade, avez-vous des soupçons ? Quelles questions vous posez-vous ?
▸ p. 60

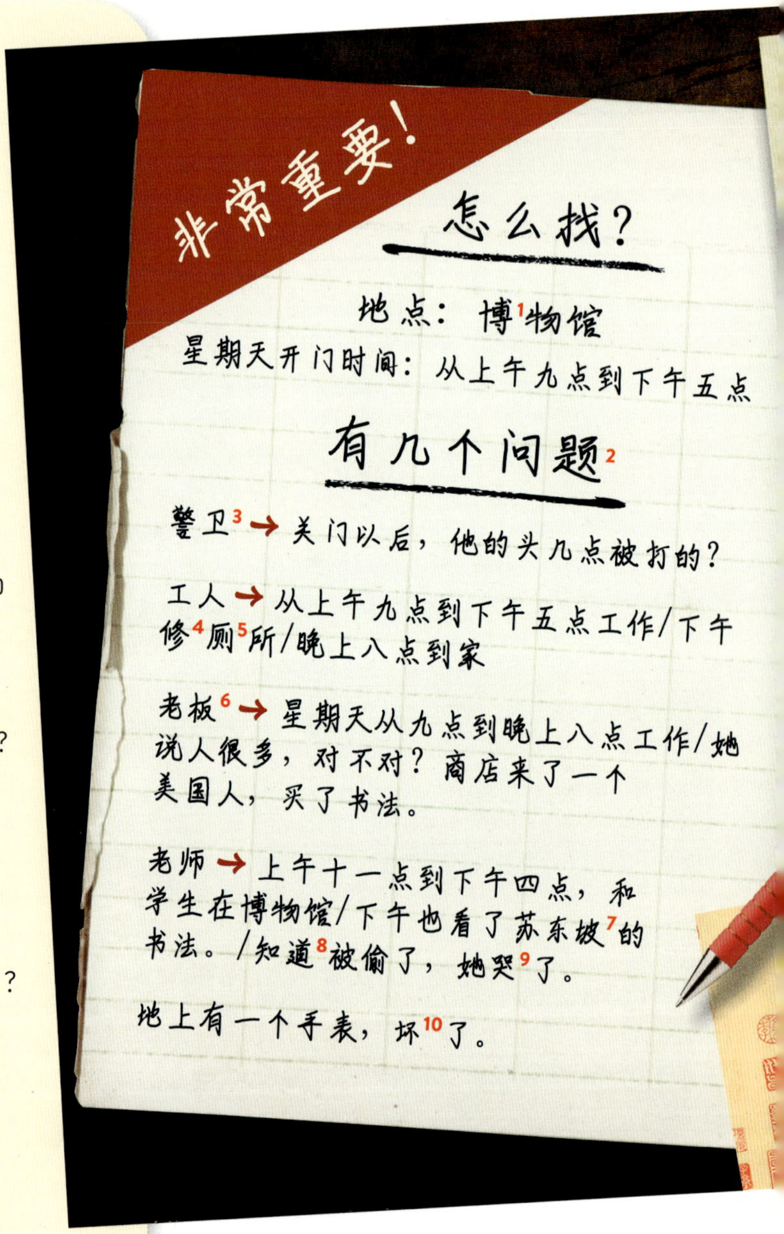

非常重要！

怎么找？

地点：博[1]物馆

星期天开门时间：从上午九点到下午五点

有几个问题[2]

警卫[3] → 关门以后，他的头几点被打的？

工人 → 从上午九点到下午五点工作/下午修[4]厕[5]所/晚上八点到家

老板[6] → 星期天从九点到晚上八点工作/她说人很多，对不对？商店来了一个美国人，买了书法。

老师 → 上午十一点到下午四点，和学生在博物馆/下午也看了苏东坡[7]的书法。/知道[8]被偷了，她哭[9]了。

地上有一个手表，坏[10]了。

1 bó **2** tí **3** jǐngwèi **4** xiū **5** cè **6** bǎn **7** Sū Dōngpō **8** zhīdào **9** kū **10** huài

说 (说) **该你了！**

Tu es l'inspecteur 包 et tu fais un point presse.

a. Résume les informations sur l'affaire pour les journalistes.

b. Réponds à leurs questions sur l'enquête.

J'apprends les caractères

关 门 问 被 从
到 重 找 来 表

Audio 22lba2403

▸ p. 61

Je répète et j'apprends par cœur

NIVEAU 1 2 3 Audio 22lba2402

Je répète le lexique

J'écoute et je répète. Fiche 22lba2404

Audio 22lba2405

Au tableau, un(e) élève montre une flashcard du lexique, ses camarades font une courte phrase avec ce mot.

Audio 22lba2406

Un(e) élève mime un mot du lexique, ses camarades le nomment en chinois.

▸ p. 61

Je construis des phrases

La forme passive

书法　被　小偷　偷　了。

complément + 被 (+ personne) + verbe + 了

La calligraphie a été dérobée par le voleur.

Chaque élève donne un nom d'aliment ou de boisson et de personne. Un(e) camarade fait une phrase à la forme passive avec ces mots.

De... à...

警卫从　八点　到　十点都在博物馆。

从 + lieu / moment 到 + lieu / moment

Le gardien est au musée de 8h à 10h.

Chaque élève énonce deux lieux ou moments. Un(e) camarade les intègre dans une phrase avec 从……到.

▸ p. 64

LEÇON 2

你记得什么？

听 **1** Après quelques jours d'enquête, des suspects sont interrogés. Écoute leurs témoignages.

a. Qui est le nouveau suspect ?

Audio 22lba2410

写 **b.** Complète les notes de ton carnet d'enquête. ▶ p. 67

听 **2** L'inspecteur 包 convoque le gardien pour éclaircir un point de l'enquête. De quoi s'agit-il ? ▶ p. 67 Audio 22lba2411

读 **3** L'inspecteur 包 a préparé les profils des suspects.

Pour faire avancer l'enquête, il a besoin de confirmer les heures. À toi de compléter à partir des éléments que tu as rassemblés ! ▶ p. 67

说 **4** Tu es l'inspecteur 包 et tu présentes les différents suspects à ton supérieur à partir des profils.

1 bó 2 cè 3 xiū 4 jǐngwèi 5 jǐngchá 6 jìniàn 7 bǎn 8 Sū Dōngpō

(说) 该你了！

L'inspecteur 包 réunit son équipe pour identifier le ou la coupable. En petits groupes, confrontez vos hypothèses et donnez vos arguments.

J'apprends les caractères

工 美 术 品 坏
再 见 才 着 给

Audio 22lba2413

▶ p. 68

Je répète et j'apprends par cœur

NIVEAU 1 2 3 Audio 22lba2412

Je répète le lexique

J'écoute et je répète. Fiche 22lba2414

Audio 22lba2415

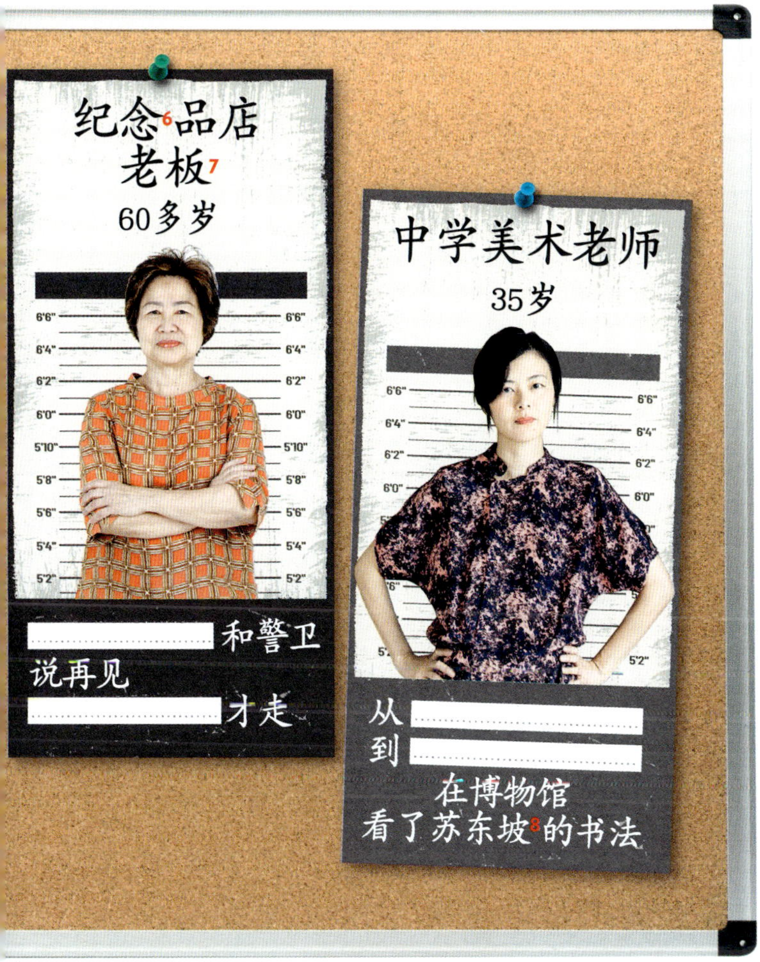

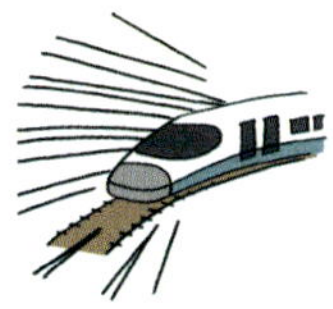

马上
immédiatement

正好
justement

已经
déjà

Un(e) élève donne la première syllabe d'un mot, ses camarades énoncent le mot en entier. Le ou la plus rapide gagne !

▶ p. 68

Je construis des phrases

Seulement

我 星期天晚上8点 才 回家。

sujet + moment + 才 + verbe

Je ne suis rentré qu'à 20 heures dimanche soir.

Un(e) élève donne une heure et un verbe d'action. Un(e) camarade fait une phrase avec 才.

L'aspect duratif

Il indique une action ou un état qui dure longtemps.

门 开 着。

sujet + verbe + 着

La porte est ouverte.

Chacun(e) choisit un verbe dont l'action dure et fait une phrase en utilisant 着.

À quelqu'un

我明天 给 你 打电话。

sujet + 给 + une personne + verbe

Je te téléphonerai demain.

Chaque élève fait une phrase avec 给, une personne et un verbe au choix : 打电话、看、写、听、说.

▶ p. 71

Je lis et j'écris

activités interactives 22lba2420

Les caractères

LEÇON 1 ▸p. 54

1 Voici le nouveau pictogramme de la leçon :

门 est le dessin d'une porte à un battant. Le caractère ancien avait deux battants symétriques.

À ton avis, pourquoi ce caractère n'est plus écrit de la même façon aujourd'hui ? Quelles hypothèses peux-tu faire ?

2 Observe les caractères ci-dessous et identifie les deux formes de la porte, traditionnelle et simplifiée.

Repère ceux que tu connais : comment se lisent-ils et que signifient-ils ?

们　闷　扪　钔　菛　问　椚　閂　門　间

3 À ton avis, que pourrait signifier 闩 ?

4 Le caractère 開 est la forme traditionnelle d'un caractère que tu connais bien. À ton avis, lequel ? Dans quel mot l'as-tu vu ?

LEÇON 2 ▸p. 56

5 Voici les deux nouveaux pictogrammes de la leçon :

ⓐ 才 représentait l'un des piliers de bois d'une maison. Il signifie « seulement ».
ⓑ 工 représentait un outil. Aujourd'hui, il signifie « travail ».

Observe les anciens pictogrammes : que reconnais-tu ? Associe-les à leur forme actuelle.

6 À deux, observez les mots ci-dessous. Qu'ont-ils en commun et quel est leur domaine de sens ? À votre avis, que peuvent-ils signifier ?

女工	男工	工作	工人	工地
电工	手工	日工	月工	工场

Un peu de lecture !

À deux, lisez cet article de journal. Comment a été résolue l'enquête ? Aviez-vous trouvé le coupable ? Quel était son motif ?

好消息[1]！苏东坡[2]的书法回家了！

苏东坡的书法回家了！

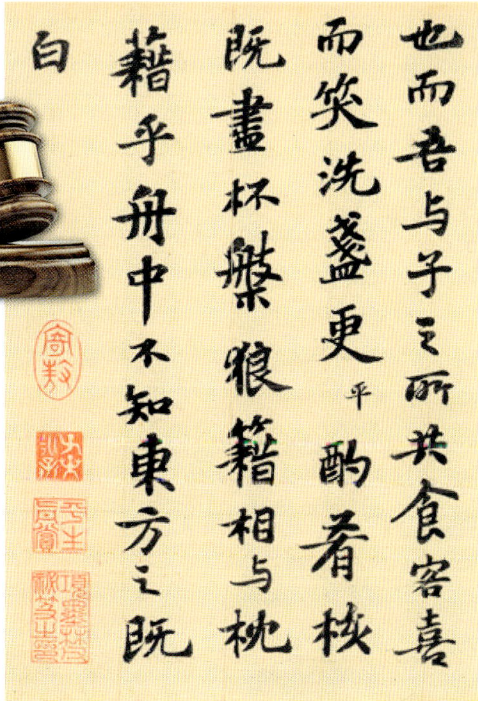

是上星期五找到[3]的。拍卖行[4]给警察[5]打电话，说有人要卖苏东坡的书法！就是纪念[6]品店的老板[7]！

可是警察早就[8]知道[9]了！

为什么呢？因为他们找到警卫[10]的时候，地上有他的手表，是坏的，手表上是六点半。工人五点就走了，所以不是他。纪念品店老板说，她八点半和警卫说了再见。可是那时候，女孩子已经[11]给我们打电话了，所以老板说谎[12]！

为什么商店老板要偷[13]书法呢？

警察去她家，知道她的孩子生了重病[14]，看医生要很多钱，所以要卖这个很贵的书法。

现在书法回到博[15]物馆了，这是一个非常好的消息！

1 xiāoxi : *nouvelle* 2 Sū Dōngpō 3 zhǎodào : *trouver* 4 pāimài háng : *société de vente aux enchères* 5 jǐngchá 6 jìniàn 7 bǎn
8 zǎo jiù : *depuis longtemps* 9 zhīdào 10 wèi 11 yǐjīng 12 shuōhuǎng : *mentir* 13 tōu 14 bìng : *maladie* 15 bó

Je recopie et j'apprends à écrire par cœur

- 我给老师打电话，说再见以前，她说这个美术品很重要，他们在找。
- 商店关门以后，门还开着，他被打的时候，手表坏了。
- 回来以后，我问工人，他说从上午到晚上都在，八点才回家。

Mon projet

谁偷了我的钱包？

Hier soir, en faisant les courses, plus de porte-monnaie. Qui est l'auteur(e) du vol ? Formez des binômes et menez l'enquête !

读 Déchiffrez les énigmes pour trouver le ou la coupable

1

她/他不姓马，
没有胡子[1]。
她/他戴不戴眼
镜[2]，这我不知
道[3]。我知道
她/他不太老。

1 húzi : *barbe*
2 dài yǎnjing : *porter des lunettes*
3 zhīdào

2

她/他姓什么？

一
\+
一
————
....

3

她/他有黑色的
头发，没有帽[4]
子。她/他不是
老师。她/他是
谁？我不知道。

4 mào

Le binôme qui trouve le coupable en 1er a gagné !

4

衣服是什么颜[5]色的？

一百
\-
一
————
....

5 yán

Je retiens

activités interactives 22lba2421

Pour échanger sur...

Un vol

Exemples :

书法被小偷偷了！

La calligraphie a été dérobée par le voleur.

警卫从八点到十点都在博物馆。

Le gardien était au musée de 8 h à 22 h.

Une enquête

Exemples :

我有问题要问你。
你记得什么？

J'ai une question à te poser.
De quoi te souviens-tu ?

女孩子很害怕，马上给警察打电话。

La jeune fille a pris peur et a immédiatement téléphoné à la police.

j'ai besoin de...

mots outils

被
bèi
par... *(voix passive)*

从……到
cóng... dào
de... à...

着
zhe
aspect duratif

才
cái
seulement

给……
gěi...
à... (quelqu'un)

lexique

台北	Táiběi	Taipei
书法	shūfǎ	calligraphie
美术	měishù	beaux-arts
纪念品	jìniànpǐn	souvenir *(objet)*
手表	shǒubiǎo	montre
老板	lǎobǎn	patron(ne)
警卫	jǐngwèi	gardien(ne)
工人	gōngrén	ouvrier / ouvrière
小偷	xiǎotōu	voleur / voleuse
偷	tōu	voler
找	zhǎo	chercher
关门	guānmén	fermer la porte
来	lái	venir
进来	jìnlái	entrer
走	zǒu	partir, quitter
修	xiū	réparer
坏	huài	être cassé(e)
重要	zhòngyào	être important(e)
后边	hòubian	derrière
正好	zhènghǎo	justement
已经	yǐjīng	déjà

警察	jǐngchá	policier, policière
问问题	wèn wèntí	poser une question
记得	jìde	se souvenir
打电话	dǎ diànhuà	téléphoner
见面	jiànmiàn	se rencontrer
害怕	hàipà	être effrayé(e)
快	kuài	être rapide ; rapidement
马上	mǎshàng	immédiatement
乱七八糟	luànqībāzāo	sens dessus-dessous

汉字 : Je sais les lire et les écrire.
汉字 : Je les apprendrai plus tard.

了解中国

中国美术

Comme dans toutes les cultures, les Chinois ont développé des formes d'art spécifiques : la calligraphie, la peinture de paysage, le travail du jade, le cloisonné ou la porcelaine... De nombreuses œuvres majeures de l'art chinois sont présentées dans l'un des plus grands musées au monde, à Taipei.

LE MUSÉE NATIONAL DU PALAIS 国立故宫博物院

Le musée national du Palais à Taipei (Taïwan) abrite la plus grande collection d'art chinois au monde : près de 700 000 œuvres, plus qu'au Louvre ! Les collections impériales étaient initialement rassemblées à Pékin.

▲ 倪瓒 Ni Zan (1301-1374)

LA PEINTURE DE PAYSAGE 山水画

Les peintures de paysages sont réalisées à l'encre de Chine sur du papier de riz. Le vide y est aussi important que le plein (ce qui est dessiné) : c'est l'équilibre des deux qui compte. Mais les collectionneurs ont souvent occupé l'espace vide pour y écrire l'histoire de l'œuvre et ce qu'elle leur inspirait en y apposant leurs propres sceaux ! Plus la peinture avait du succès, plus on y ajoutait de calligraphies.

LA CALLIGRAPHIE 书法

La calligraphie est l'écriture au pinceau. La maîtrise de l'espace et du trait en sont les éléments essentiels. On dit qu'on tient le pinceau comme les baguettes ! Il existe différents styles, associés à des époques particulières. On trouve même des dictionnaires présentant tous les styles existants.

苏东坡 SU Dongpo (1037-1101) était un homme politique et un grand lettré. Il a laissé de nombreux textes calligraphiés, comme sur l'œuvre volée dans ce chapitre.

LES SCEAUX

Chaque peintre et calligraphe gravait lui-même ses sceaux de signature, un pour chaque nom. Apposer son sceau au bas d'un document a valeur légale, comme toi, ta signature !

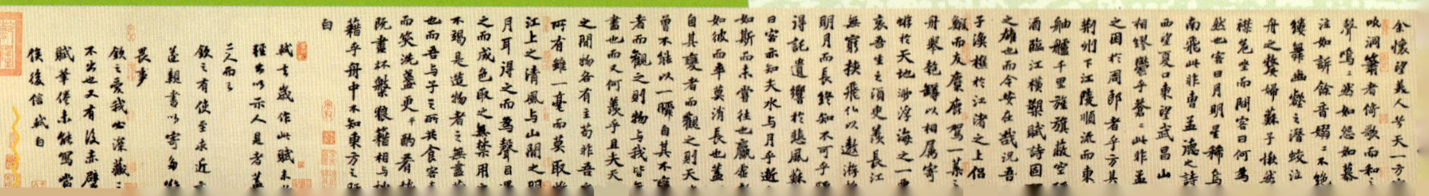

LE JADE 玉

Le jade est une pierre porte-bonheur. Très précieuse, elle a souvent servi de monnaie d'échange. On en fait des bijoux et des sculptures. Mais il était rare en Chine et on allait le chercher jusqu'en Asie centrale ! Le musée de Taipei possède un chou sculpté dans une seule pierre de jade, dont la couleur varie du blanc au vert foncé. C'est l'une de ses œuvres phares.

Suite à l'invasion japonaise dans les années 1930 et pour les mettre à l'abri, on leur a fait effectuer un incroyable périple de plus de 10 000 km pendant 12 ans, en train et en bateau depuis Pékin jusqu'à Taipei, en passant par le Sichuan !

LA PORCELAINE 瓷

La porcelaine a été inventée par les Chinois. Lorsque les Européens ont vu pour la première fois cette céramique aux parois presque translucides, ils ont cru qu'elle avait été fabriquée par magie ! La porcelaine cuit dans des fours atteignant 1 400 degrés et nécessite une cinquantaine d'étapes de fabrication. Comme pour le cristal, on fait chanter les bols de porcelaine.

À Jǐngdézhèn, capitale mondiale de la porcelaine, 58 fours fabriquaient les commandes de l'empereur. Les objets imparfaits étaient détruits, pour que personne ne les récupère. On y trouve encore des centaines de milliers d'éclats de porcelaine.

LE CLOISONNÉ 景泰蓝

Destiné à l'usage impérial, le cloisonné est arrivé en Chine depuis le Moyen-Orient. La technique consiste à poser sur un objet en cuivre des bandelettes métalliques très fines en suivant le motif, puis à remplir d'émaux de couleurs les petits compartiments ainsi dessinés. L'objet est ensuite cuit, puis poncé. En Chine, on fabriquait surtout des vases, mais en Grèce et à Rome, on créait déjà des bijoux en cloisonné.

À vous !

Rendez-vous sur le site du musée de Taipei et choisissez une œuvre qui vous plaît beaucoup, ou au contraire pas du tout ! Présentez-la à la classe en expliquant votre choix. ▸ p. 74

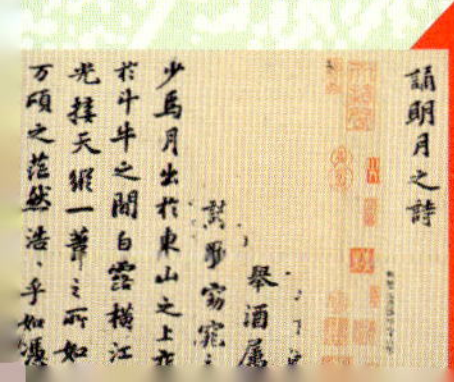

ATELIER DEVINETTES

猜谜语！

À deux, combien d'énigmes parvenez-vous à résoudre en moins de dix minutes ? Lisez chaque devinette et relevez le défi !

☆ Appuyez-vous sur ce que vous connaissez
Cela vous aidera à comprendre le sens global des devinettes !

☆ Faites appel à votre imagination
N'oubliez pas que les énigmes nous jouent souvent des tours !

1

一头说话一头听。
两个人不见面，
说话能听见。

2

它[1]在很冷的时候，从天上下来。
这是什么？

3

我是一个人。
冬[2]天才能看见我。太阳[3]来我就[4]走。我是谁？

4

我走它也走，
我来它也来，
和我一个样，
可是不吃饭。

5

我不是画家，可是来看我的人，我都画他们；我画画不用[5]笔[6]，可是我画得最像[7]。你走了，我的画就不见了。

6

东一个，
西一个，
到老都
不见面。

1 tā : *il / elle (objet)* 2 dōng 3 tàiyáng : *soleil* 4 jiù : *alors*
5 yòng : *utiliser* 6 bǐ : *pinceau* 7 xiàng : *ressemblant*

À VOUS !

Créez votre propre devinette en chinois ! Inspirez-vous d'une devinette en français si besoin.

Mes objectifs

- 听 Comprendre un bulletin météo et des conversations familiales sur le temps qu'il fait, les vêtements et les loisirs.
- 说 Annoncer la météo d'une ville.
- 说 Échanger sur la préparation d'une valise.
- 读 Comprendre des échanges de messages sur une destination.
- 写 Écrire une carte postale pour donner ses impressions sur une destination.

大中国

Mon projet

Je présente la météo d'une ville au fil des saisons

LEÇON

从南到北

听 **1** Une famille discute en regardant la télévision. **Audio** 22lba2450

a. Écoute la conversation et repère :

qui parle	le ton de leur échange

b. Écoute à nouveau et repère sur la carte :

l'endroit où habite 可心	la ville où elle va

c. Quel est le sujet de la discussion ? Quels sont les arguments avancés par chacun ? ▸ p. 75

说 **2** Choisis une ville sur la carte et annonce la météo du jour !

听 **3** À l'approche du départ, 可心 et sa mère préparent leur valise. Écoute leur conversation.
bīngchéng jié : *Festival de glace* **Audio** 22lba2451

a. Sur quoi porte le désaccord ?

b. 可心 te semble-t-elle plutôt ?

c. Et sa mère ? Pourquoi ?

说 **4** À deux, vous jouez les rôles de 可心 et de sa mère. Tour à tour, chacune ajoute un vêtement dans la valise, puis récapitule son contenu.
Exemple : "我的箱子里有一件毛衣。"
Sa mère ajoute un pull et reprend : "你的箱子里要两件毛衣。"

读 **5** Lis les messages sur le téléphone :
- Où se trouvent 可心 ? Et sa mère ?
- Qui écrit à qui ?
- Quel est le sujet de leur échange ?
- Pourquoi y a-t-il un clin d'œil à la fin ?

1 bīngchéng jié : *Festival de glace* 2 piàoliang
3 pà : *craindre* 4 děng : *attendre* 5 kùzi

写 **该你了！**

Tu es 可心 et tu écris une carte postale à tes grands-parents pour raconter ton premier hiver à Harbin, tes impressions et les activités que tu as découvertes. **Fiche** 22lba2452

Je répète et j'apprends par cœur
NIVEAU 1 2 3 **Audio** 22lba2453

Je répète le **lexique**

J'écoute et je répète. Fiche 22lba2454

Audio 22lba2455

Chaque élève demande à son voisin ou sa voisine s'il ou elle aime le climat du nord ou du sud, celui ou celle-ci répond et explique pourquoi.

Audio 22lba2456

À tour de rôle, chacun(e) décrit ce qu'il ou elle porte en précisant la couleur. Les camarades indiquent si c'est vrai ou non : 对/不对.

▸ p. 75

1 Wūlǔmùqí
2 xuě 3 yún
4 Běijīng 5 qíng
6 Hā'ěrbīn
7 hǎi 8 yǔ
9 Guǎngzhōu

Je retiens Fiche 22lba2457 activités interactives 22lba2458

了解中国

一个国家，很多风景

Avec plus de 1,4 milliard d'habitants, la Chine est le pays le plus peuplé du monde : un habitant de la Terre sur cinq y est né !

中国人很多！

Les Chinois sont 20 fois plus nombreux que les Français sur un territoire 17 fois plus grand, mais presque tout le monde vit dans l'est du pays ! C'est là que se trouvent les plus grandes villes, toutes plus peuplées que Paris ! L'Ouest et le Nord-Ouest sont peu habités : la vie est difficile dans le désert ou à 4 000 m d'altitude !

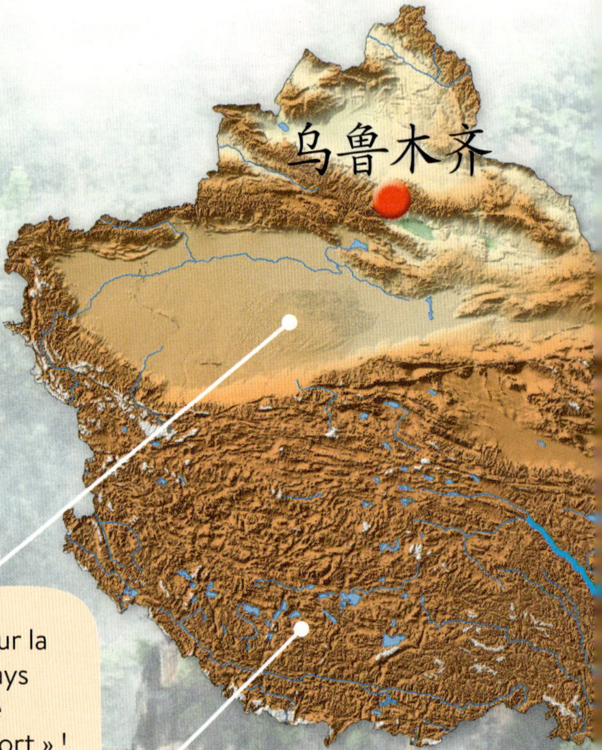

DES PAYSAGES CONTRASTÉS

On parle souvent de la Chine des grandes villes, situées sur la côte, dans les plaines de l'Est, et autour des fleuves. Le pays abrite aussi deux immenses déserts : le Gobi au nord et le Taklamakan à l'ouest, que l'on surnomme la « mer de la Mort » ! À une altitude moyenne de 5 000 m, le plateau tibétain s'étend sur plus de 2 millions de km^2. Il abrite la chaîne de l'Himalaya et le mont Éverest (8 848 m), à la frontière entre le Népal et la Chine. Chacun des deux pays affirme que le « toit du monde » est sur son territoire !

DU RIZ... MAIS PAS SEULEMENT

On entend souvent que tous les Chinois mangent du riz à chaque repas. C'est vrai en Chine du Sud, où le temps chaud et humide est favorable à sa culture. Les rizières en terrasse ont façonné le paysage. Dans le nord du pays c'est le blé qui domine et on le mange sous forme de pâtes, raviolis, brioches-vapeur. On cultive aussi du maïs, du millet, du sorgho, etc.

北京，中国的首都

Pékin est la capitale de la Chine depuis 600 ans. Elle abrite la Cité interdite, ainsi nommée car c'est là que vivaient l'empereur et sa famille, et il était interdit au peuple d'y entrer. La langue parlée à Běijīng est devenue la langue officielle enseignée à l'école. Aussi appelée mandarin, c'est celle que tu apprends au collège. La plupart des Chinois maîtrisent deux langues : le mandarin et leur dialecte. La télévision est sous-titrée, car l'écriture est partout la même !

两条大河

Les grands fleuves de Chine naissent sur le plateau tibétain et s'écoulent vers l'est. Le Yángzi jiāng, ou Long Fleuve 长江 (6 300 km) est le 3e plus long fleuve du monde. Des centaines de bateaux le descendent chaque jour et traversent l'immense barrage des Trois-Gorges jusqu'à la mer de Chine à Shànghǎi. Le fleuve Jaune, Huáng hé, 黄河 (5 400 km), est le berceau de la civilisation chinoise. Il doit son nom aux limons qu'il déverse dans la mer Jaune.

大城市

En 40 ans, la population urbaine est passée de 20 % à 60 %. Les villes se sont agrandies à toute vitesse. Une centaine d'entre elles comptent plus d'un million d'habitants. Les plus peuplées sont Shànghǎi, Běijīng, Guǎngzhōu et Chóngqìng.

LE DELTA DE LA RIVIÈRE DES PERLES

Le delta de la rivière des Perles compte autant d'habitants que la France et est l'aire urbaine la plus peuplée au monde ! Depuis longtemps zone d'échange avec le reste de la planète, elle est surnommée la « Silicon Valley chinoise ». Beaucoup de matériel électronique y est fabriqué, puis livré aux quatre coins de la planète. Des villes entières sortent de terre pour répondre aux besoins économiques mondiaux. Shēnzhèn était encore une région agricole il y a 40 ans à peine !

À vous !

Parmi tous les endroits cités dans cette leçon, où aimeriez-vous vivre ? Faites des recherches et présentez votre choix à la classe. ▸ p. 80

Mon projet — Je présente la météo d'une ville

En petits groupes, présentez à la classe les quatre saisons d'une ville que vous aimeriez visiter.

写 Préparez votre diaporama

Étape 1 **Choisissez votre destination.**

1. Chaque groupe se réunit et choisit une ville chinoise parmi les suivantes :

Běijīng | 西安 | Guǎngzhōu | Kūn明 | Hǎinán | Hā'ěrbīn | Wūlǔmùqí | Chóngqìng

2. Faites des recherches sur le climat de la ville à chaque saison.
3. Trouvez aussi les activités que l'on peut y faire.

Étape 2 **Créez votre diaporama.**

1. Choisissez une photo de la ville à chaque saison et préparez une page de diaporama par saison.

chūn天 | xià天 | qiū天 | dōng天

2. Ajoutez des informations sur :

- l'endroit où se trouve votre destination — běi方 | nán方 | 东biān | 西biān
- la météo de la saison — 常常 | 有时 | 每天 | qíng | 下yǔ | 下xuě | 冷/热
- les vêtements à porter en fonction de la météo — máo衣 | 大衣 | kù子
- les activités à faire en cette saison — huáxuě | 出去买东西 | yóuyǒng | ......

说 Présentez les quatre saisons dans votre ville

Étape 3 **Préparez votre présentation orale en chinois.**

1. Révisez le lexique nécessaire après avoir cherché ou demandé la prononciation des mots que vous ne connaissez pas.
2. Répartissez-vous les phrases et répétez ensemble.
3. Faites défiler le diaporama et commentez-le devant la classe.

La classe vote pour la ville qui lui plaît le plus !

UNITÉ 5

Mes objectifs

听 Comprendre des conversations sur des projets de voyage ; comprendre des échanges de messages sur les vacances.

说 Présenter une destination de vacances et un itinéraire de voyage.

(说) Échanger sur des destinations de vacances.

读 Comprendre des affiches touristiques, un extrait de guide de voyage et une lettre de vacances.

写 Décrire ses vacances idéales ; décrire un projet de visite.

暑假来了！

Mon projet Je réalise une affiche touristique

LEÇON 1

快要放假了！

听 **1** 王安安 et son frère 王杰 espèrent partir en vacances cet été. Écoute-les parler avec leur cousin 王伟. Ont-ils les mêmes envies ? Pourquoi ?
Audio 22lba2500 ▶ p. 81

读 **2** 王安安 et sa famille s'arrêtent devant une agence de voyage. À deux, répartissez-vous les affiches publicitaires.
a. Repérez les informations essentielles.
b. Quelle destination correspond le mieux aux envies de chacun ? Pourquoi ? ▶ p. 81

说 **3** Présente à la classe la destination que tu préfères et explique pourquoi.

听 **4** Écoute la conversation entre les adolescents et les parents. Audio 22lba2501 ▶ p. 82
a. Quels sont les arguments avancés par chacun ?
b. Quelle destination est retenue ? Pourquoi ?
c. Qu'en pensent les adolescents ?

写 **该你了！**

你呢？你暑假[1]想做什么？
写一写为什么。 Fiche 22lba2502

1 shǔjià

A

C

A 1 chuántǒng 2 dàihuà 3 lìshǐ : *histoire* 4 bó 5 jiǔdiàn : *hôtel*

B 1 Kěndīng : *lieu* 2 tān 3 lán 4 yóuyǒng 5 qián 6 chōnglàng 7 qí 8 měili : *joli(e)*

C 1 Xīnjiāpō : *Singapour* 2 dàihuà 3 chéngshì 4 guàng 5 jiǔdiàn : *hôtel*

D 1 Hán 2 chuántǒng 3 wénhuà : *culture* 4 Shǒu'ěr : *Séoul* 5 zìyóu : *libre*

J'apprends les caractères

外 海 边 活 自
行 千 快 过

Audio 22lba2504 ▶ p. 84

Je répète et j'apprends par cœur
NIVEAU 1 2 3 Audio 22lba2503

B

D

Je répète le lexique

J'écoute et je répète. Fiche 22lba2505

Audio 22lba2506

Chaque élève demande à un(e) camarade où il / elle aimerait partir en vacances. Il / Elle répond en expliquant pourquoi.

Audio 22lba2507

À tour de rôle, un(e) élève demande quelles activités sont possibles à la mer. Un(e) camarade répond avec un des mots du lexique.

p. 82

Je construis des phrases

Bientôt

快要放假了！ 快要 + verbe + 了。 C'est bientôt les vacances !

Expérience vécue

我 没 去 过中国，可是去过日本。

sujet + (没) + verbe + 过 + complément

Je ne suis jamais allé en Chine mais je suis déjà allé au Japon.

Changement de situation

我们不想旅游了。 phrase + 了。

Nous ne voulons plus voyager.

À tour de rôle, chacun(e) fait une phrase pour dire ce qu'il va faire bientôt.

Un(e) élève pose une question avec cette structure. Un(e) camarade répond selon sa situation.

Un(e) élève choisit un verbe. Un(e) camarade fait une phrase avec ce verbe et cette structure.

p. 86

LEÇON 2 第一次去四川

听 **1** Écoute les échanges de messages entre 王安安 et son amie 马心月. Quel est le programme de vacances de 王安安 ? Qu'en pense-t-elle ?
Audio 22lba2510 ▶ p. 89

Sìchuān : *province* ; Chéngdū : *ville* ;
Guǎngzhōu : *Canton* ; Wòlóng : *lieu*

听 **2** Écoute la conversation entre 王杰 et son ami 马远. Audio 22lba2511

Lèshān dàfó : *grand Bouddha de Leshan* ;
Jiǔzhàigōu : *lieu*

a. Quel est le programme de vacances de la famille 王 ?

b. Que pense 王杰 de ses vacances au Sichuan ? ▶ p. 89

读 **3** 王杰 parcourt un guide touristique sur le Sichuan. À deux, lisez la page du guide.

a. Quelle destination n'est pas au programme de leur séjour ?

b. Que peut-on y faire ?

写 **4** Tu es 王杰 et tu prépares ta visite à Jiuzhaigou à l'aide des informations de ton guide. Écris un message à ton ami 马远 et dis-lui ce que tu as prévu de faire.

大熊猫[1]
自然保护区[2]
门票[3] 90元/人
活动：看熊猫、去大自然散步[4]、休息[5]

大佛[8]
门票 220元/人
活动：看大佛、看风景、爬山、喝茶

活动：吃火锅[12]、去茶馆、逛[13]商店、去博物馆

A

A 1 xióngmāo 2 zìrán bǎohùqū : *réserve naturelle* 3 ménpiào : *billet d'entrée* 4 sànbù 5 xiūxi 6 fēngjǐng 7 pá 8 dàfó : *Grand Bouddha* 9 bó 10 qí 11 Sìchuān 12 guō 13 guàng

B 1 Chéngdū : *ville* 2 Sōngpān : *ville* 3 jǐng 4 Huánglóng : *nom de lieu* 5 fēngjǐng 6 pá 7 qí 8 dìng

说 **该你了！**

Tu pars au Sichuan. À l'aide du guide, choisis trois sites, organise ton programme et précise les raisons de ton choix.

J'apprends les caractères

飞	火	巴	意	思
高	山	心	第	茶

Audio 22lba2513

▶ p. 91

Je répète et j'apprends par cœur
NIVEAU 1 2 3 Audio 22lba2512

自然保护区
门票
169元/人
活动：看风景[6]、爬[7]山、做运动

成都
Chéngdū

活动：博[9]物馆、爬山、骑[10]马、吃四川[11]菜、买东西

B

从成都[1]到松潘[2]，坐飞机、坐火车、坐大巴都可以到。

松潘最有名的景[3]点是黄龙[4]：风景[5]非常好看。

活动也很多，可以爬[6]高山也可以骑[7]马，很有意思。

去松潘一定[8]会玩得很开心！

Je répète le lexique

J'écoute et je répète. Fiche 22lba2514

Audio 22lba2515

一定
certainement

而且
de plus

À tour de rôle, chaque élève montre une flashcard, ses camarades font une phrase avec le mot.

Audio 22lba2516

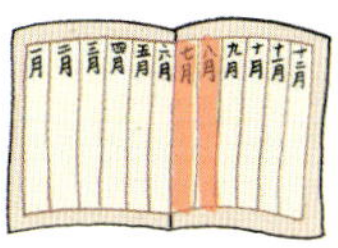

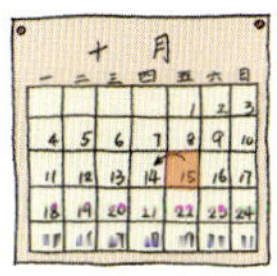

Un(e) élève fait deviner un mot du lexique en le mimant ou en donnant une explication en chinois.

p. 90

Je construis des phrases

Le premier, le deuxième, le troisième...

第 一 天 我们去成都。

第 + nombre + classificateur / nom

Le premier jour, nous allons à Chengdu.

À tour de rôle, chacun(e) fait une phrase avec 第.

Sûrement

你们 会 喜欢 四川。

sujet + 会 + verbe + complément

Vous allez sûrement aimer le Sichuan.

À tour de rôle, chacun(e) dit quelque chose qui devrait sûrement arriver.

p. 93

Je lis et j'écris

activités interactives 22lba2520

Les caractères

LEÇON 1 ▸p. 72

1 Voici les deux nouveaux pictogrammes de la leçon :

❶ 自 est le dessin d'un nez. Aujourd'hui, il signifie « soi-même » car les Chinois parlent d'eux-mêmes en montrant leur nez.

❷ 行 représente le croisement de deux routes. Il signifie « avancer », « marcher ».

Observe les anciens pictogrammes : que reconnais-tu ? Associe-les à leur forme actuelle.

2 Identifie et nomme la clé des caractères ci-dessous. À deux, choisissez une des clés et trouvez tous les caractères que vous connaissez avec cette clé.

外　海　边　活　千　快　过

3 Observe ces mots. Qu'ont-ils en commun ? Appuie-toi sur la signification de chaque caractère pour deviner leur sens.

海马　海鱼　海星　海图　海路

LEÇON 2 ▸p. 74

4 Observe et associe les dessins, les pictogrammes anciens et les caractères actuels.

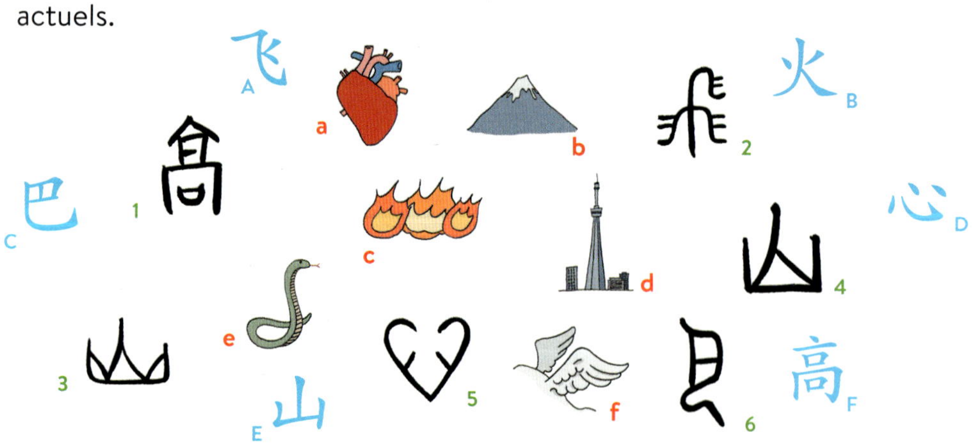

5 a. Identifie et nomme la clé de ces nouveaux caractères. Quelle est la nouvelle clé de la leçon ?

意　思　茶　第

b. Dans quels autres caractères as-tu vu ces clés ?

Un peu de lecture !

钱明月 envoie une lettre à son amie 李思思 durant ses vacances. Où est-elle partie ? Qu'a-t-elle fait et que pense-t-elle de son séjour ?

亲爱的思思，

我和家人在海南[1]旅游[2]。这是我第一次[3]去海南，以前没去过。我们是坐飞机去的，有点贵：一千七百三十三元一个人，可是很快：只要两个小时二十分钟！

海南有山又有海，风景[4]很美！

海南最有名的地方是三亚[5]：三亚有中国最美的海滩[6]，最蓝[7]的海水。我每天都去海边游泳[8]，骑[9]自行车！这里有很多有意思的活动，还有很多水上运动，可以学习潜[10]水、冲浪[11]、开摩托艇[12]！

昨[13]天我们爬[14]山去了，又累[15]又热，山很高啊！在山上我们看到了很多猴子[16]它们很可爱，可是它们想偷[17]我们的东西！好坏啊！

这次旅游，我买了纪念[18]品，我给你买了很好喝的茶，希望[19]你会喜欢！

你呢？你暑假[20]过得怎么样？你去国外了吗？

快要开学了，好开心马上可以见到你！

你的好朋友

明月

1 Hǎinán : *île de Hainan* 2 lǚyóu 3 cì : *fois* 4 fēngjǐng 5 Sānyà : *ville* 6 tān 7 lán 8 yóuyǒng 9 qí 10 qián 11 chōnglàng 12 mótuōtǐng : *scooter des mers* 13 zuó 14 pá 15 lèi 16 hóuzi : *singe* 17 tōu 18 jìniàn 19 xīwàng 20 shǔjià

Je recopie et j'apprends à écrire par cœur

- 我很开心，因为我快要去上海玩了！我没去过国外，也没去过海边和高山。
- 我不坐火车也不坐大巴，我坐飞机去。一个人要两千元。
- 上海有很多有意思的活动。我第一天想先买自行车，然后去茶馆。

Mon projet

Une affiche touristique

Préparez une affiche publicitaire pour promouvoir le tourisme d'une province chinoise, puis présentez-la à la classe.

写 Réalisez votre affiche

Étape 1 Partez à la recherche d'informations

1. Tirez au sort la province à promouvoir parmi les 10 suivantes :

Yúnnán | Shǎn西 | 山东 | Jiāngsū | 黑lóngjiāng | Guǎng西 | Nèiménggǔ | Hénán | 安huī | Fújiàn

2. Trouvez sur Internet trois ou quatre sites touristiques attrayants, notez leur nom en chinois et associez-les à des activités (utilisez le pinyin si nécessaire).

- 山 → pá山 | 看fēngjǐng | sànbù | ……
- 海边 → yóuyǒng | sànbù | chōnglàng | qián水 | ……

3. Cherchez des informations utiles aux visiteurs et notez-les en chinois : localisation, transports, climat, une ou deux spécialité(s) locale(s).

Étape 2 Réalisez votre affiche

1. Trouvez un titre accrocheur et écrivez-le sur l'affiche.

快来…… | 大家都来玩…… | ……最好玩！

2. Collez sur votre affiche une carte de la province et / ou des photos des sites retenus.

3. Écrivez en chinois les noms des sites et les activités associées. N'oubliez pas d'ajouter des qualificatifs attrayants !

很有意思 | 很好玩 | 很piàoliang | 很bàng

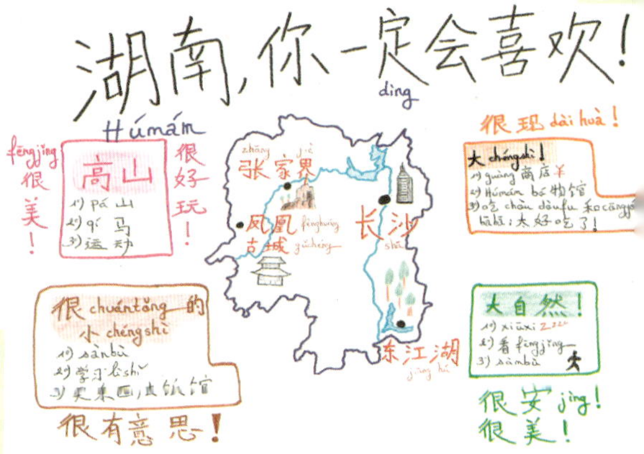

说 Faites la promotion de votre province

Étape 3 Présentez votre affiche à la classe

1. Décidez qui va dire quoi et entraînez-vous à prendre la parole.

2. Présentez à l'oral votre affiche et les atouts touristiques de votre province. Montrez-vous convaincant(e)s !

La classe vote pour la province qui l'attire le plus.

Je retiens

activités interactives 22lba2521

Pour échanger sur…

les vacances

Exemple :

我们快要放暑假了。

Nous serons bientôt en vacances d'été.

les voyages et les destinations touristiques

Exemple :

我去过很多地方，可是我没去过国外。

Je suis déjà allé dans de nombreux endroits, mais jamais à l'étranger.

les activités touristiques

Exemple :

我不想爬山了，我想去海边了！

Je ne veux plus grimper en montagne, je veux aller au bord de la mer !

j'ai besoin de…

mots outils

快要……了。
kuàiyào… le
bientôt

会
huì
marqueur de probabilité

而且
érqiě
de plus

一定
yídìng
certainement

第
dì
introduit les nombres ordinaux

过
guo
passé d'expérience

了
le
marqueur du changement d'état

lexique

放假	fàngjià	être en vacances
假期	jiàqī	vacances
暑假	shǔjià	vacances d'été
昨天	zuótiān	hier
开心	kāixīn	être joyeux / joyeuse
放心	fàngxīn	être rassuré(e)
千	qiān	mille

火车	huǒchē	train
大巴	dàbā	bus, car
飞机	fēijī	avion
城市	chéngshì	ville
历史	lìshǐ	histoire
故宫	Gùgōng	Cité interdite
长城	Chángchéng	Grande Muraille
新加坡	Xīnjiāpō	Singapour
台湾	Táiwān	Taïwan
大自然	dàzìrán	nature
山	shān	montagne
风景	fēngjǐng	paysage
海滩	hǎitān	plage
大海	dàhǎi	mer
海边	hǎibiān	en bord de mer
国外	guówài	à l'étranger
高	gāo	être haut(e)
传统	chuántǒng	être traditionnel(le)
现代化	xiàndàihuà	être moderne

旅游	lǚyóu	faire du tourisme, voyager
游泳	yóuyǒng	nager
潜水	qiánshuǐ	faire de la plongée
冲浪	chōnglàng	surfer
骑马	qí mǎ	monter à cheval
散步	sànbù	se promener
爬山	páshān	gravir une montagne
喝茶	hē chá	boire du thé
茶馆	cháguǎn	maison de thé
火锅	huǒguō	fondue chinoise
景点	jǐngdiǎn	attraction touristique
熊猫	xióngmāo	panda

汉字 : Je sais les lire et les écrire.
汉字 : Je les apprendrai plus tard.

了解中国

La Chine en vacances !

Avant les années 2000, les congés payés n'existaient pas en Chine. En France, tout le monde y a droit depuis 1936. Aujourd'hui, de plus en plus de Chinois profitent de leurs congés pour voyager à travers le pays et dans le monde.

LES JOURS DE FÊTE

En Chine, il y a 11 jours fériés dans l'année, comme en France ! Ils correspondent principalement aux grandes fêtes traditionnelles chinoises : le Nouvel An 元旦 yuándàn, la fête du Printemps 春节 chūnjié, la fête des Morts 清明节 qīngmíngjié, la fête du Travail 劳动节 láodòngjié, la fête des Bateaux-Dragons 端午节 duānwǔjié, la fête de la Mi-Automne 中秋节 zhōngqiūjié et la Fête nationale 国庆节 guóqìngjié. Pour en profiter plus longtemps, les jours fériés sont prolongés pour tout le monde de quelques jours, mais il faut ensuite les rattraper le week-end : samedi et dimanche inclus !

Les jours fériés de 2022		
元旦	1月1日－1月3日	3天
春节	1月31日－2月6日	7天
清明节	4月3日－4月5日	3天
劳动节	4月30日－5月4日	5天
端午节	6月3日－6月5日	3天
中秋节	9月10日－9月12日	3天
国庆节	10月1日－10月7日	7天

青海湖 Le lac Qīnghǎi : le plus grand lac salé de Chine, à 3 205 m d'altitude, entièrement recouvert de glace l'hiver.

ET POUR LES ÉLÈVES ?

Tes camarades chinois ont moins de vacances que toi : deux mois en été, 暑假 shǔjià, et trois à quatre semaines pour les vacances d'hiver, 寒假 hánjià, autour du Nouvel An chinois. Ils travaillent sans s'arrêter tout le reste de l'année et parfois le week-end pour rattraper les jours fériés prolongés.

LES CONGÉS PAYÉS

Les Chinois découvrent les congés payés en 2007. Mais ils n'ont droit qu'à deux semaines par an et leur durée dépend de l'expérience professionnelle, alors qu'en France, tous les salariés ont cinq semaines de vacances.

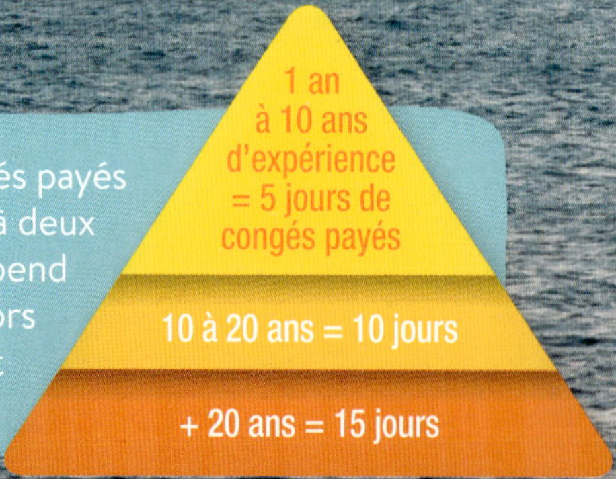

L'ESSOR DU TOURISME

Grâce aux congés payés, la Chine a connu un véritable boom du tourisme. Aujourd'hui, les Chinois sont trois fois plus nombreux à voyager qu'en 2010. Seuls quelques privilégiés partent à l'étranger. La plupart choisissent de découvrir leur propre pays, et certaines destinations sont prises d'assaut pendant les jours fériés !

LES DESTINATIONS PRÉFÉRÉES DES CHINOIS

张家界 Zhāngjiājiè : un parc national forestier aux montagnes spectaculaires, lieu de tournage du film *Avatar*.

黄山 Huángshān
Les Montagnes jaunes, aux sommets escarpés et leur « mer de nuages ».

南京 Nánjīng : l'ancienne capitale impériale abrite le mausolée du premier président chinois, Sun Zhongshan.

桂林 Guìlín : la beauté des paysages d'eaux et de montagnes.

杭州 Hángzhōu : le lac de l'Ouest et ses jardins traditionnels.

昆明 Kūnmíng : une ville onnue pour sa « forêt de ierre », au climat doux et empéré toute l'année.

厦门 Xiàmén : ses beaux paysages maritimes, sa douceur de vivre et ses villas européennes.

香港 Hong Kong
Xiānggǎng : l'ancienne colonie britannique, moderne et dynamique, ouverte sur le monde.

海南 Hǎinán : la province la plus au sud, réputée pour ses plages, ses montagnes et ses forêts tropicales.

À vous !

Classez les trois destinations touristiques où vous aimeriez le plus aller dans le monde et présentez-les à la classe. Expliquez vos choix. ▸ p. 95

上山

- Écoute le poème en essayant de visualiser la scène. **Audio** 22lba2522
- Quels mots repères-tu ?
- Apprends ce poème et récite-le devant la classe.

☆ Pour retenir le poème facilement
Souviens-toi que chaque strophe évoque une image différente : le chemin dans la montagne, la fumée dans le village, les pagodes, les branches fleuries.

☆ Quand tu récites le poème
Parle suffisamment fort pour te faire entendre, articule bien chaque syllabe, mets bien les tons et ne récite pas trop vite.

山村[1]咏怀[2]
一去二三里[3]，烟[4]村四五家。
亭台[5]六七座[6]，八九十枝[7]花[8]。

1 cūn : *village* **2** yǒnghuái : *pensée intérieure* **3** lǐ : *500 mètres* **4** yān : *fumée, brume*
5 tíngtái : *pagode* **6** zuò : *classificateur* **7** zhī : *branche* **8** huā : *fleur*

À toi !

- Crée ta propre illustration du poème !
- Transpose ce poème en français.

☆ Quand tu transposes un poème chinois en français
Imagine le lien entre les mots. Dans la poésie chinoise, ce lien n'est pas toujours clair, c'est au lecteur de le faire.

Shào Yōng
邵雍 (1011–1077) est un philosophe, cosmologue, poète et historien de la dynastie des Song (960-1279).

Les 78 clés de Lái ba - niveaux 1 et 2

Pour retrouver facilement un caractère ou une clé dans un dictionnaire, on compte le nombre de ses traits.

1 et 2 traits

、	point
一	un
乛 / 乙	second
亻/ 人	homme
讠	parole
又	main droite
力	force
刀 / 刂	couteau
十	dix
勹	enveloppe
冫	glace
厶	privé
阝	ville
匚	étui
丷	huit
冂	boîte
凵	boîte ouverte
儿	fils
二	deux

3 traits

口	bouche
女	femme
山	montagne
彳	pas du pied gauche
囗	enceinte
氵	eau
纟	soie
巾	tissu
宀	toit
辶	marche rapide
子	enfant
饣	nourriture
寸	pouce
艹	herbe
干	sec
土	terre
扌	main
小	petit
大	grand
夕	crépuscule / portion de viande
廾	mains jointes
门	porte
工	outil
忄	cœur
广	abri

4 traits

木	arbre
日	soleil
月	viande, chair / lune
戈	hallebarde
爫	griffe
父	père
灬	feu
心	cœur
耂	vieillesse
户	battant de porte
王	jade, roi
方	carré
斤	hache
牜	bœuf
见	vue
贝	coquillage

5 traits

田	champ
目	œil
白	blanc
母	mère
衤	vêtement
钅	métal
穴	grotte

6 traits et plus

衣	vêtement
西	ouest
竹 / ⺮	bambou
羊	mouton
色	couleur
里	habitation
走	marche
足	pied
非	ne pas
面	visage
黑	noir

Les 242 caractères de Lái ba

2 et 3 traits

一 人 二 七 八 九 十
了 三 马 也 大 么 习
下 个 几 上 土 小 又
子 女 门 工 才 千 飞
山

4 traits

木 日 月 王 五 六 书
不 中 手 什 天 午 为
分 以 牛 少 水 友 太
开 文 今 方 长 车 元
从 见 火 巴 心

5 traits

们 他 叫 四 生 打 可
去 东 出 只 电 业 半
对 包 奶 乐 旧 头 发
汉 白 术 外 边

6 traits

她 好 在 吗 机 名 多
岁 买 动 妈 欢 有 红
网 因 早 西 肉 后 米
吃 会 年 回 老 师 先
交 地 安 色 讲 场 衣
百 关 问 再 自 行 过

7 traits

我 你 运 住 没 作 完
这 还 条 豆 冷 每 医
时 饭 两 里 男 听 坐
走 间 更 找 来 坏 快

8 traits

明 林 姓 和 法 国 的
朋 鱼 所 学 或 者 果
现 玩 爸 杯 图 画 物
非 话 店 服 到 表

9 traits

是 哪 点 星 很 看 要
面 语 前 说 孩 钟 怎
穿 贵 重 给 美 品 活
思 茶

10 traits et plus

课 家 谁 菜 馆 热 样
都 候 喝 晚 爱 想 喜
期 做 最 常 校 起 能
钱 被 海 高 得 商 然
着 黑 第 新 路 意

Apprends bien ces clés et ces caractères, tu les rencontreras souvent dans les années à venir.

À vous

- Voici 10 situations d'improvisation.
  Chaque saynète dure 3 à 5 minutes.
- Préparez-vous rapidement puis entrez en scène !
  - Répartissez-vous les rôles ;
  - Rassemblez le lexique qui vous sera utile ;
  - Entraînez-vous pendant quelques minutes avec vos partenaires... et en scène !

UNITÉ 1 学校生活

1 很不一样的学校！
Une école peu ordinaire !

地方：中学
人物：1个新来的学生和他的3个同学。

Tu arrives dans ton nouveau collège et tes camarades te font visiter les locaux. Mais tout est complètement différent de ce à quoi tu t'attendais !

2 天啊，我的法语！
Oh, mon français !

地方：Une salle de cours
人物：四个学生和一个老师

Vous êtes élèves en Chine et votre professeur tente désespérément de vous apprendre un peu de français. Il donne des consignes, mais les élèves font l'inverse de ce qui est demandé et répondent en chinois sans comprendre.

UNITÉ 2 大家都很厉害！

1 我们会不会是好朋友？
Serons-nous amis ?

地方：Un parc
人物：4 personnages fictifs

Sun Wukong, Kaiyin, San Mao et Liu Qi se rencontrent mais le courant ne passe vraiment pas entre eux !

2 全新的我
Le nouveau « moi »

地方：一个朋友家
人物：两个朋友

Vous avez décidé de devenir un super-héros et vous en parlez à votre meilleur(e) ami(e), qui vous demande quels seront vos super pouvoirs.

UNITÉ 3 和朋友出去玩

1 我迷路了！
Je suis perdu(e) !

地方：La rue
人物：Une personne qui demande son chemin et trois passants

Vous êtes perdu(e) en ville et demandez votre chemin, mais toutes les personnes à qui vous vous adressez ont une bien étrange façon de vous répondre. Inventez des réponses loufoques.

2 和明星吃饭！
À la table d'une star !

地方：一个饭馆
人物：三个人和一个明星

Vous êtes au restaurant et vous découvrez qu'une célébrité est installée à la table voisine ! Vous engagez la conversation.

de jouer !

UNITÉ 4 小偷是谁?

1 我和小偷交朋友
Mon ami le voleur

地方: 博物馆
人物: Un visiteur et un voleur

Vous êtes au musée et assistez à un vol. À votre grande surprise, vous finissez par vous lier d'amitié avec le voleur.

2 我和奶奶
Ma grand-mère et moi

地方: 奶奶家
人物: 你和奶奶

Vous offrez à votre grand-mère le tableau qu'elle admire le plus, en lui faisant croire que vous l'avez volé pour elle dans un musée. Elle est d'abord très contente, puis se fâche et vous gronde. Vous finissez par lui avouer que ce n'est pas vrai.

UNITÉ 5 暑假来了!

1 想旅游的熊猫
Pandas voyageurs

地方: Réserve des pandas de Wolong
人物: Un visiteur et 3 pandas

Vous êtes dans le Sichuan et allez voir les pandas. Soudainement, ils prennent la parole et vous demandent de les emmener découvrir la France.

2 我在哪里?
Mais où suis-je ?

地方: Un aéroport
人物: Un voyageur et un agent d'escale

Vous avez pris un avion pour aller en vacances aux USA mais une fois arrivé(e), vous vous apercevez que vous n'êtes pas du tout au bon endroit ! Vous avez atterri à Singapour... Vous échangez avec un agent d'escale de l'aéroport pour savoir quoi faire.

- **Mettez-vous dans la peau de votre personnage et gardez ce « cap » !**
- **Écoutez bien les autres comédiens et adaptez-vous à leurs réactions et à leurs répliques.**
- **Accentuez les mots importants pour mieux vous faire comprendre.**
- **Ajoutez des gestes et exagérez votre jeu pour donner vie à la scène.**

Boîte à mots

- mots de Lái ba - niveau 1
- mots de Lái ba - niveau 2

Les autres et moi

你好/再见	nǐhǎo/zàijiàn	bonjour / au revoir
谁?	shéi	qui ?
什么?	shénme	quoi, quel ?
多大?	duō dà	quel âge ?
哪国人?	nǎguórén	de quelle nationalité ?
我/我们	wǒ/wǒmen	je, me, moi / nous
你/你们	nǐ/nǐmen	tu, te, toi / nous
他/他们	tā/tāmen	il, lui / ils, eux
她/她们	tā/tāmen	elle / elles
朋友	péngyou	ami(e)
姓	xìng	s'appeler *(nom de famille)*
叫	jiào	s'appeler *(prénom)*
岁	suì	an *(âge)*

L'école

怎么样?	zěnmeyàng	comment ?
学校	xuéxiào	école
中学	zhōngxué	école secondaire
同学	tóngxué	camarade de classe
开学	kāixué	faire la rentrée
上课	shàngkè	être / aller en cours
学习	xuéxí	étudier, apprendre
做作业	zuò zuòyè	faire les devoirs
交作业	jiāo zuòyè	rendre un devoir
课本	kèběn	manuel
练习册	liànxí cè	cahier d'exercices
校服	xiàofú	uniforme scolaire
打扫教室	dǎsǎo jiàoshì	balayer la salle de classe
操场	cāochǎng	cour d'école
篮球场	lánqiúchǎng	terrain de basket
图书馆	túshūguǎn	bibliothèque
电脑室	diànnǎoshì	salle informatique
实验室	shíyànshì	laboratoire
食堂	shítáng	cantine
厕所	cèsuǒ	toilettes

Les cours

语文课	yǔwén kè	cours de lettres
数学课	shùxué kè	cours de mathématiques
英语课	yīngyǔ kè	cours d'anglais
体育课	tǐyù kè	cours d'EPS
生物课	shēngwù kè	cours de SVT
课外	kèwài	en dehors des cours, extrascolaire
补习班	bǔxíbān	cours privé de soutien scolaire
简单	jiǎndān	(être) simple
难	nán	(être) difficile
无聊	wúliáo	(être) ennuyeux(se)

Les couleurs

是什么颜色的?	shì shénme yánsè de	être de quelle couleur ?
颜色	yánsè	couleur
红色	hóngsè	rouge
棕色	zōngsè	marron
蓝色	lánsè	bleu
黑色	hēisè	noir
白色	báisè	blanc
黄色	huángsè	jaune
绿色	lǜsè	vert
灰色	huīsè	gris

Les animaux

狗	gǒu	chien(ne)
猫	māo	chat(te)
马	mǎ	cheval, jument
猪	zhū	cochon, truie
牛	niú	bœuf, vache
鸡	jī	coq, poule
鱼	yú	poisson
熊猫	xióngmāo	panda

Histoires et personnages

谁?	shéi	qui ?
小说	xiǎoshuō	roman
漫画	mànhuà	manga, bande dessinée
讲故事	jiǎng gùshi	raconter des histoires

人物	rénwù	personnage
英雄	yīngxióng	héros, héroïne
女孩子	nǚháizi	fille
男孩子	nánháizi	garçon
哑巴	yǎba	muet, muette
龙	lóng	dragon
保护	bǎohù	protéger
有意思	yǒu yìsi	(être) intéressant(e)

Boîte à mots

La description physique

• 长什么样?	zhǎng shénmeyàng	Comment est... ? *(physiquement)*
• 长	zhǎng	grandir
• 帅	shuài	(être) beau
• 漂亮	piàoliang	(être) belle
• 可爱	kě'ài	(être) mignon(ne)
• 头发	tóufa	cheveux
• 长	cháng	(être) long(ue)
• 短	duǎn	(être) court(e)
• 眼睛	yǎnjing	œil, yeux
• 壮	zhuàng	(être) fort(e) / costaud
• 高	gāo	(être) grand(e) *(taille)*

Personnalité et émotions

• 性格	xìnggé	caractère, tempérament
• 棒	bàng	(être) super, génial(e)
• 厉害	lìhai	(être) formidable
• 有名	yǒumíng	(être) célèbre
• 聪明	cōngmíng	(être) intelligent(e)
• 人很好	rén hěn hǎo	(être) gentil(le)
• 凶	xiōng	(être) sévère
• 讨厌	tǎoyàn	(être) pénible
• 笨	bèn	(être) bête
• 调皮	tiáopí	(être) coquin(e), malicieux(se)
• 累	lèi	(être) fatigué(e)
• 忙	máng	(être) occupé(e)
• 胆子大	dǎnzi dà	(être) courageux(se)
• 难过	nánguò	(être) triste
• 感动	gǎndòng	(être) ému(e) / émouvant(e)
• 听话	tīnghuà	(être) obéissant(e)
• 大方	dàfāng	(être) généreux(se)
• 害羞	hàixiū	(être) timide
• 高兴	gāoxìng	(être) heureux(se)
• 开心	kāixīn	(être) joyeux(se)
• 放心	fàngxīn	(être) rassuré(e)
• 失望	shīwàng	(être) déçu(e)
• 害怕	hàipà	être effrayé(e)
• 吵架	chǎojià	se disputer

Boîte à mots

Famille et fêtes

这是谁?	zhè shì shéi	Qui est-ce ?
几个?	jǐ gè	combien de ?
家	jiā	famille, maison
回家	huíjiā	rentrer chez soi
爸爸	bàba	papa
妈妈	māma	maman
爷爷	yéye	grand-père
奶奶	nǎinai	grand-mère
哥哥	gēge	grand frère
弟弟	dìdi	petit frère
姐姐	jiějie	grande sœur
妹妹	mèimei	petite sœur
孩子	háizi	enfant
孙子	sūnzi	petit-fils
生日	shēngrì	anniversaire
节	jié	fête

过春节	guò chūnjié	fête du printemps
过年	guònián	fêter le Nouvel An chinois
团圆	tuányuán	se retrouver en famille
老家	lǎojiā	pays natal
房子	fángzi	maison
写春联	xiě chūnlián	écrire des sentences parallèles
放鞭炮	fàng biānpào	allumer des pétards
剪纸	jiǎnzhǐ	papiers découpés ; découper des papiers
红包	hóngbāo	enveloppe rouge
祝	zhù	souhaiter à *(quelqu'un)*
新年快乐!	xīnnián kuàilè	bonne année !

Les métiers

做什么工作?	zuò shéme gōngzuò	faire quel métier ?
工作	gōngzuò	travail, métier ; travailler
明星	míngxīng	star
歌手	gēshǒu	chanteur, chanteuse
演员	yǎnyuán	acteur, actrice
运动员	yùndòngyuán	sportif, sportive
网络红人	wǎngluò hóngrén	influenceur, influenceuse
宇航员	yǔhángyuán	astronaute
医生	yīshēng	médecin
老师	lǎoshī	professeur(e)
警卫	jǐngwèi	gardien(ne)
警察	jǐngchá	policier, policière
小偷	xiǎotōu	voleur, voleuse
老板	lǎobǎn	patron(ne)
工人	gōngrén	ouvrier, ouvrière

Boîte à mots

Activités et loisirs

做什么？	zuò shénme	faire quoi ?
休息	xiūxi	se reposer
起床	qǐchuáng	se lever du lit
睡觉	shuìjiào	dormir
打电话	dǎ diànhuà	téléphoner
发短信	fā duǎnxìn	envoyer un texto
见面	jiànmiàn	se rencontrer
喜欢	xǐhuan	aimer
活动	huódòng	activité
玩游戏	wán yóuxì	jouer aux jeux (vidéo)
看书	kànshū	lire
上网	shàngwǎng	surfer sur Internet
看电视	kàn diànshì	regarder la télévision
看视频	kàn shìpín	regarder des vidéos
看电影	kàn diànyǐng	regarder un film
听音乐	tīng yīnyuè	écouter de la musique
聊天	liáotiān	discuter
玩手机	wán shǒujī	jouer sur son téléphone portable
玩电脑	wán diànnǎo	jouer à l'ordinateur
出去玩	chūqù wán	sortir s'amuser
逛商店	guàng shāngdiàn	faire les magasins
画画	huàhuà	dessiner
书法	shūfǎ	calligraphie
吹笛子	chuī dízi	jouer de la flûte
好玩	hǎowán	(être) amusant(e)

Activités sportives

什么运动？	shénme yùndòng	quel sport ?
运动	yùndòng	(faire du) sport
做运动	zuò yùndòng	faire du sport
踢足球	tīzúqiú	jouer au football
打篮球	dǎ lánqiú	jouer au basketball
打羽毛球	dǎ yǔmáoqiú	jouer au badminton
打乒乓球	dǎ pīngpāngqiú	jouer au ping-pong
打网球	dǎ wǎngqiú	jouer au tennis
跑步	pǎobù	courir
练武术	liàn wǔshù	faire des arts martiaux
滑雪	huáxuě	skier
游泳	yóuyǒng	nager
散步	sànbù	se promener
潜水	qiánshuǐ	faire de la plongée
冲浪	chōnglàng	surfer
爬山	páshān	gravir une montagne
骑马	qímǎ	monter à cheval

Les transports

怎么走？	zěnme zǒu	comment aller... ?
坐	zuò	prendre (*voiture, bus, métro, train, avion*)
公交车	gōngjiāochē	bus
地铁	dìtiě	métro
火车	huǒchē	train
飞机	fēijī	avion
大巴	dàbā	car
骑	qí	prendre (*vélo, moto, cheval*)
自行车	zìxíngchē	vélo
走路	zǒulù	marcher
快	kuài	(être) rapide ; rapidement

Boîte à mots

Vêtements et accessoires

多少钱?	duōshao qián	combien coûte ?
买	mǎi	acheter
买东西	mǎi dōngxi	faire les courses
穿	chuān	porter *(un vêtement)*
衣服	yīfu	vêtement
箱子	xiāngzi	valise
汉服	hànfú	*hanfu* *(vêtement traditionnel)*
毛衣	máoyī	pull
大衣	dàyī	manteau
裤子	kùzi	pantalon
袜子	wàzi	chaussettes
扇子	shànzi	éventail
伞	sǎn	ombrelle, parapluie
剑	jiàn	épée
帽子	màozi	chapeau
手表	shǒubiǎo	montre
纪念品	jìniànpǐn	souvenir *(objet)*
百	bǎi	cent
千	qiān	mille
元/块	yuán/kuài	yuan *(monnaie chinoise)*
贵	guì	coûter cher
便宜	piányi	ne pas coûter cher
坏	huài	(être) cassé(e)

Lieux et bâtiments

哪儿?	nǎr	où ?
去	qù	aller
来	lái	venir
走	zǒu	partir, quitter
出门	chūmén	sortir
进来	jìnlái	entrer
住在	zhùzài	habiter
参观	cānguān	visiter
地方	dìfang	lieu, endroit
博物馆	bówùguǎn	musée
商场	shāngchǎng	centre commercial
饭馆	fànguǎn	restaurant
茶馆	cháguǎn	salon de thé
游泳馆	yóuyǒngguǎn	piscine
电影院	diànyǐngyuàn	cinéma
游戏厅	yóuxìtīng	salle de jeux vidéo
卡拉OK	kǎlā OK	karaoké
新	xīn	(être) neuf / neuve
旧	jiù	(être) vieux / vieille *(objet / lieu)*
小	xiǎo	(être) petit(e)
安静	ānjìng	(être) calme
干净	gānjìng	(être) propre
脏	zāng	(être) sale
乱七八糟	luànqībāzāo	(être) sens dessus-dessous
传统	chuántǒng	(être) traditionnel(le)
现代化	xiàndàihuà	(être) moderne

Boîte à mots

Chine et étranger

中国	Zhōngguó	Chine
台湾	Táiwān	Taïwan
日本	Rìběn	Japon
韩国	Hánguó	Corée
法国	Fǎguó	France
英国	Yīngguó	Royaume-Uni
美国	Měiguó	États-Unis
新加坡	Xīnjiāpō	Singapour
北京	Běijīng	Pékin

故宫	gùgōng	Cité interdite
长城	chángchéng	Grande Muraille
西安	Xī'ān	Xi'an
巴黎	Bālí	Paris
台北	Táiběi	Taipei

Vacances et voyages

去哪儿旅游?	qù nǎr lǚyóu	où voyager ?
放假	fàngjià	être en vacances
假期	jiàqī	vacances
暑假	shǔjià	vacances d'été
旅游	lǚyóu	voyager, faire du tourisme
国外	guówài	à l'étranger
景点	jǐngdiǎn	attraction touristique
山	shān	montagne
大海	dàhǎi	mer, océan
海边	hǎibiān	en bord de mer
海滩	hǎitān	plage
城市	chéngshì	ville
大自然	dàzìrán	nature
风景	fēngjǐng	paysage
历史	lìshǐ	histoire

Géographie et climat

- 天气怎么样? tiānqì zěnmeyàng quel temps fait-il ?

北方	běifāng	nord
南方	nánfāng	sud
天气	tiānqì	temps, météo
晴	qíng	beau temps
多云	duōyún	nuageux
下雨	xiàyǔ	pleuvoir
下雪	xiàxuě	neiger

零下	língxià	moins, en dessous de zéro
度	dù	degré
热	rè	(faire / avoir) chaud
冷	lěng	(faire / avoir) froid
冷死	lěngsǐ	(être) gelé(e)
春天	chūntiān	printemps
夏天	xiàtiān	été
秋天	qiūtiān	automne
冬天	dōngtiān	hiver

À table !

吃什么?	chī shénme	manger quoi ?
吃(饭)	chī(fàn)	manger
早饭	zǎofàn	petit-déjeuner
午饭	wǔfàn	déjeuner
晚饭	wǎnfàn	dîner
喝	hē	boire
干杯!	gānbēi	santé !
做饭	zuòfàn	cuisiner
猪肉	zhūròu	viande de porc
牛肉	niúròu	viande de bœuf
鸡肉	jīròu	viande de poulet
鱼	yú	poisson
鸡蛋	jīdàn	œuf
饺子	jiǎozi	ravioli
火锅	huǒguō	fondue chinoise
水果	shuǐguǒ	fruit
蔬菜	shūcài	légume
沙拉	shālā	salade
西红柿	xīhóngshì	tomate
土豆	tǔdòu	pomme de terre
豆腐	dòufu	tofu
菜	cài	plat
米饭	mǐfàn	riz
面条	miàntiáo	pâtes
面包	miànbāo	pain
汤	tāng	soupe
汉堡包	hànbǎobāo	hamburger
薯条	shǔtiáo	frites
披萨	pīsà	pizza
甜点	tiándiǎn	dessert
蛋糕	dàngāo	gâteau
冰淇淋	bīngqílín	glace
巧克力	qiǎokèlì	chocolat
糖	táng	bonbon, sucrerie, sucre
酸奶	suānnǎi	yaourt
水	shuǐ	eau
可乐	kělè	cola
茶	chá	thé
甜	tián	(être) sucré(e)
辣	là	(être) pimenté(e)
好吃	hǎochī	(être) bon (*aliment*)
好喝	hǎohē	(être) bon (*boisson*)
一点儿	yì diǎnr	un peu (de)
多	duō	beaucoup ; plus (de)
少	shǎo	peu ; moins (de)
够	gòu	(être) suffisant, assez
身体	shēntǐ	corps, santé
肚子	dùzi	ventre
疼	téng	avoir mal

Le temps qui passe

什么时候?	shénme shíhou	quand ?
多长时间?	duōcháng shíjiān	combien de temps ?
几月几日?	jǐ yuè jǐ rì	quelle date ?
星期几?	xīngqī jǐ	quel jour de la semaine ?
几点?	jǐ diǎn	quelle heure ?
年	nián	année
月	yuè	mois
日	rì	jour
星期	xīngqī	semaine
周末	zhōumò	week-end
现在	xiànzài	maintenant
昨天	zuótiān	hier
今天	jīntiān	aujourd'hui
明天	míngtiān	demain
后天	hòutiān	après-demain
早上	zǎoshang	matin, aube
上午	shàngwǔ	matin, matinée

Boîte à mots

中午	zhōngwǔ	midi
下午	xiàwǔ	après-midi
晚上	wǎnshang	soir
点	diǎn	heure *(à la montre)*
小时	xiǎoshí	heure *(durée)*
分	fēn	minute *(à la montre)*
分钟	fēnzhōng	minute *(durée)*
半	bàn	et demie
完	wán	finir
以后	yǐhòu	après
以前	yǐqián	avant
先	xiān	d'abord
然后	ránhòu	ensuite
后来	hòulái	par la suite, ensuite

Le temps qui passe *(suite)*

早	zǎo	(être) tôt
晚	wǎn	(être) tard
有时	yǒushí	parfois
常常	chángcháng	souvent
不常	bù cháng	pas souvent
天天	tiāntiān	tous les jours
每天	měitiān	chaque jour
马上	mǎshàng	tout de suite, immédiatement
有空	yǒu kòng	avoir du temps (pour)
没空	méi kòng	ne pas avoir de temps (pour)

Boîte à outils

Pour poser des questions

吗?	ma	est-ce que ?
什么?	shénme	quoi, quel ?
什么样?	shénmeyàng	comment ? *(apparence)*
呢?	ne	et... ?
为什么?	wèishénme	pourquoi ?
还是?	háishi	ou bien ?
几?/多少?	jǐ / duōshao	combien ?
什么时候?	shénme shíhou	quand ?
几点?	jǐ diǎn	quelle heure ?
多长时间?	duōcháng shíjiān	combien de temps ?
多少钱?	duōshao qián	combien ça coûte ?
怎么?	zěnme	comment ? *(moyen)*
怎么样?	zěnmeyàng	comment ?
谁?	shéi	qui ?
哪?	nǎ	lequel / laquelle / lesquel(le)s ?
哪儿?	nǎr	où ?

Pour décrire des actions et des états

是	shì	être
有/没有	yǒu/méiyǒu	avoir / ne pas avoir
在	zài	être présent ; se trouver quelque part
知道	zhīdào	savoir, être au courant de
会	huì	savoir (faire qqch.), être probable que
要	yào	vouloir, devoir, falloir
想	xiǎng	vouloir, avoir envie de
希望	xīwàng	espérer
觉得	juéde	trouver que, penser
可以	kěyǐ	pouvoir, avoir le droit de
能	néng	pouvoir, avoir la capacité de
拿	ná	prendre
说话	shuōhuà	parler
听说	tīngshuō	entendre dire que
等	děng	attendre
给	gěi	donner à

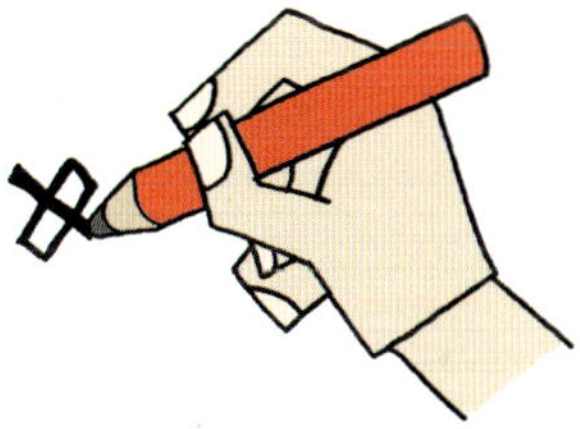

Boîte à outils (suite)

写	xiě	écrire
关门	guānmén	fermer la porte
偷	tōu	voler
找	zhǎo	chercher
记得	jìdé	se souvenir
问问题	wèn wèntí	poser une question
修	xiū	réparer

Pour articuler

也	yě	aussi
因为	yīnwèi	parce que
所以	suǒyǐ	alors, donc
后来	hòulái	ensuite, par la suite
可是	kěshì	mais
或者	huòzhě	ou bien
而且	érqiě	de plus
还	hái	encore

Pour nuancer

不	bù	*négation*
很	hěn	très
非常	fēicháng	extrêmement
太	tài	trop
最	zuì	le plus
重要	zhòngyào	(être) important
可能	kěnéng	peut-être, probablement
一定	yídìng	sûrement, certainement

Les classificateurs

个	gè	objets et personnes
只	zhī	animaux domestiques
本	běn	livres
件	jiàn	vêtements
条	tiáo	pantalons, objets longs
双	shuāng	paire
把	bǎ	objets tenus à la main
两	liǎng	deux *(devant un classificateur)*

Pour construire des phrases

的	de	*possession, détermination*
这	zhè	ce, ceci
一点也不	yìdiǎn yě bù	pas du tout
又……又	yòu……yòu	(à la fois)... et...
的时候	de shíhou	lorsque
是……的	shì... de	être *(description)*
得	de	*complément d'appréciation*
里	lǐ	dans, dedans
和……一样	hé... yíyàng	être identique
和……不一样	hé... bù yíyàng	être différent(e)
从……到……	cóng... dào...	de... à...
着	zhe	*l'aspect duratif*
快要……了	kuàiyào... le	bientôt...
过	guo	*passé d'expérience*
了	le	*aspect accompli / changement d'état*
第	dì	*nombres ordinaux* (premier, deuxième...)
被	bèi	par... *(forme passive)*
和 / 跟	hé / gēn	avec (quelqu'un)
给	gěi	à (quelqu'un)
正好	zhènghǎo	justement
都	dōu	tout, tous
在	zài	être en train de
别	bié	ne... pas *(interdiction)*
更	gèng	encore plus, davantage
只 / 才	zhǐ / cái	seulement

Références des images

Couverture	bd	Chabibur Rochman/Shutterstock
Couverture	bg	Gang - stock.adobe.com
Couverture	mg	lzf - stock.adobe.com
Couverture	hd	Atstock Productions - stock.adobe.com
Couverture	md	kotoffei - stock.adobe.com
Couverture	mm	Freepik
Couverture	hg	MITstudio - stock.adobe.com
2	bg	Leo Lintang - stock.adobe.com
2	hg	imtmphoto - stock.adobe.com
3	hg	ViewStock - www.agefotostock.com
3	bg	JGalione - iStockphoto
4	hg	bagi1998 - iStockphoto
4	hg	xixinxing - stock.adobe.com
4	bg	Philippe Michel - www.agefotostock.com
5	hg	Edwin Tan/GettyImages
10		Goldfaery - iStockphoto
11		imtmphoto - stock.adobe.com
12	c	JodieWang - stock.adobe.com
12	md	Drobot Dean - stock.adobe.com
12	mg	itim2101 - stock.adobe.com
14	bm	ViewStock - GettyImages
14	hd	liujunrong - 123rf
14	mg	baona - GettyImages
14	bd	ViewStock - www.agefotostock.com
15	mg	xixinxing - stock.adobe.com
15	hg	baona - GettyImages
17	hd	Wang Xiao/Xinahua/Xinahua via AFP Photo
17	mg	Wang Quanchao/Xinahua/Xinahua via AFP Photo
18		Jacques Loic/Photononstop
20	hd	Ton Koene - www.agefotostock.com
20	bd	Wang Quanchao/Xinahua/Xinahua via AFP Photo
20	hg	Tom Wang - stock.adobe.com
21	hd	WENN/SIPA
21	md	Morsa Images - GettyImages
21	bg	Photo12/Alamy/Xinahua/Mu Yu
22		Ecole "Confucius" of Feng Yuan - https://www.sohu.com/a/414841848_120481580
23		Leo Lintang - stock.adobe.com
24	mg	Simply Amazing - stock.adobe.com
24	a	Dargonball Collection Christophel © Toei Animation / Toei Company
24	c	Collection Christophel ©TANEMURA Arina / Glénat
24	mg	Jemastock - stock.adobe.com
24	mg	Digital Bazaar - stock.adobe.com
24	mg	lar01joka - stock.adobe.com
24	mm	Thomas Lydell - iStockphoto
25	b	Wandering Eath , 2019 Director : Frant Gwo Collection/Christophel © Beijing Dengfeng International Culture Communications Company
25	d	Collection Christophel © ALIBABA PICTURES
29		Qin Xian'a/Xinahua/Xinahua via AFP Photo
32	bd	BengLim - stock.adobe.com
32	bg	https://commons.wikimedia.org/wiki/Category:Cuan-Bao-Zi_Stele
32	mg	Guangsong Chen/Alamy/hemis.fr
32	hg	Tom Wang - stock.adobe.com
32	md	"Les Entretiens" : 论语—北方妇女儿童出版社
33	hd	Pierre BESSARD/REA
33	hg	Tao Ke/Imaginechina via AFP Photo
33	md1	Jimmy Lam/REDUX/REA
33	bg	Photo12/Alamy/The Picture Art Collection
33	md2	Bande dessinée : couverture "Journey to the West Story" : 通天河除妖— 连环画出版社
33	md3	Bande dessinée : page intérieure : 九纹龙史进 - 水浒传—人民美术出版社
34		San Mao, le petit vagabond de Zhāng Lépíng : 出版社名称—少年儿童出版社；作品名称—《三毛流浪记》；首次出版—2001年
35		ViewStock - www.agefotostock.com
36	md	Prostock-Studio - iStockphoto
36	mg	IMAGEMORE - www.agefotostock.com
36	bg	streptococcus - stock.adobe.com
36-37		DragonImages - stock.adobe.com
37	mm	streptococcus - stock.adobe.com
37	mg	FangXiaNuo - iStockphoto
37	md	Jack.Q - stock.adobe.com
37	mbd	123levit - stock.adobe.com
38	hg	Tom Wang - stock.adobe.com
38	md	Photo12/Alamy/Lou-Foto
38	bd	Photo12/Alamy/Blue Jean Images
38	hd	macrovector - stock.adobe.com
38	mg	macrovector - stock.adobe.com
38	bg	google
39	hd	Photo12/Alamy/Blue Jean Images
39	mg	xixinxing - stock.adobe.com
39	bd	Norman Chan - stock.adobe.com
39	bg	Da qing/Imaginechina/Imaginechina via AFP Photo
39	mm	Freepix
41		JGalione - iStockphoto
42		TiMi Studios Group
42		lightgirl - stock.adobe.com
42		Azad Mammedli - stock.adobe.com
42		Azad Mammedli - stock.adobe.com
42		IconLauk - stock.adobe.com
42-43		AMATHIEU - stock.adobe.com
42-43		ii-graphics - stock.adobe.com
42-43		realstockvector - stock.adobe.com
43		anatolir - stock.adobe.com
43		Bohdan - stock.adobe.com
44	m1	ViewStock - www.agefotostock.com
44	m2	TPG/NewqCom/SIPA
44	m3	Chine Nouvelle/SIPA
44	b2	yingxiaoming - iStockphoto
44	b1	steve-goacher - iStockphoto
44	b4	David Davis - stock.adobe.com
44	b3	ViewStock - www.agefotostock.com
44	hg	Mulin - stock.adobe.com
45	m4 - m5	ViewStock - www.agefotostock.com
45	b6	koosen - stock.adobe.com
45	b5	Yü Lan - stock.adobe.com
47	bd	Drobot Dean - stock.adobe.com
47	hd	Tom Wang - stock.adobe.com
47	hg	imtmphoto - stock.adobe.com
47	bg	Tom Wang - stock.adobe.com
48		lembergvector - stock.adobe.com
48		lembergvector - stock.adobe.com
48		ylivdesign - stock.adobe.com
48		alex_cardo - stock.adobe.com
48		PCH.Vector - stock.adobe.com
48		Good Studio - stock.adobe.com
48		Good Studio - stock.adobe.com
48		lembergvector - stock.adobe.com
48		dacianlogan - stock.adobe.com
48		さんいんち - stock.adobe.com
48		artinspiring - stock.adobe.com
48		Tartila - stock.adobe.com
48		chapinasu - stock.adobe.com
48		Ivan - stock.adobe.com
48		Vectorvstocker - stock.adobe.com
48		artinspiring - stock.adobe.com
48		Stoyan Haytov - stock.adobe.com
48		dk0501 - stock.adobe.com
48		kazy - stock.adobe.com
48		kimkimchin - stock.adobe.com
50	mm	© 2021 Nancy Duong
50	bd	Photo12/Alamy/TongRo Images
50	mg	ZUMA Press, Inc./Alamy/hemis.fr
50	bg	Stringer/maginechina/Imaginechina via AFP Photo
50	hg	Tom Wang - stock.adobe.com
51	hg	"Scarlet Heart, 2011 Titre original : Bu Bu Jing Xin CHINE - Saison 1 : Collection Cristhophel © Hunan TV"
51	bg	Photo12/Alamy/oleandra
51	bd	Photo12/Alamy/Mike Goldwater
51	mg	Photo12/Alamy/robertharding
51	hd	Shutter2U - stock.adobe.com
51	md	Bao Fan/Imaginechina/Imaginechina via AFP Photo
52	mg	manfeiyang - iStockphoto
52	md	airdone - stock.adobe.com
53		bagi1998 - iStockphoto
53		xixinxing - stock.adobe.com
55	hg	phatthanun - iStockphoto
55	bm	The "Former Ode on the Red Cliffs" is a piece of writing in the fu form, written by the Chinese poet Su Shi in 1082. housed in the National Palace Museum Taipei; Taiwan - https://en.wikipedia.org/wiki/Former_Ode_on_the_Red_Cliffs#/media/File:Su_Shi-Former_Ode_on_the_Red_Cliff.jpg
56	g	9nong - stock.adobe.com
56	d	Freepix
56-57	mm	nndanko - stock.adobe.com
57	d	Shestock/Blend Images/Photononstop
57	g	Freepix
59	mm	Dmytro Smaglov - stock.adobe.com
59	d	The "Former Ode on the Red Cliffs" is a piece of writing in the fu form, written by the Chinese poet Su Shi in 1082. housed in the National Palace Museum Taipei; Taiwan - https://en.wikipedia.org/wiki/Former_Ode_on_the_Red_Cliffs#/media/File:Su_Shi-Former_Ode_on_the_Red_Cliff.jpg
60	hg	artenot - stock.adobe.com
60	1-2-3-4	yukipon00 - stock.adobe.com
60	m9	djvstock - stock.adobe.com
60	m3-m4-m7	jpgon - stock.adobe.com
60	m1	Good Studio - stock.adobe.com
60	m2-m6-m8	annasunny - stock.adobe.com
60	m5	jpgon - stock.adobe.com
62	hg	Tom Wang - stock.adobe.com
62	hm	SeanPavonePhoto - stock.adobe.com
62	mg	Photo12/Alamy/Art Collection 2
62	bd	Photo12/imageBROKER/J. Pfeiffer
62-63	bm	The "Former Ode on the Red Cliffs" is a piece of writing in the fu form, written by the Chinese poet Su Shi in 1082. housed in the National Palace Museum Taipei; Taiwan - https://en.wikipedia.org/wiki/Former_Ode_on_the_Red_Cliffs#/media/File:Su_Shi-Former_Ode_on_the_Red_Cliff.jpg
63	hm	https://commons.wikimedia.org/wiki/File:Jadeite_Cabbage,_Palace_Museum,_Taipei,_Taiwan.jpg
63	bg	akg-images
63	bd	NPL - DeA Picture Library/G. Sioen/Bridgeman Images
64		Aspi13 - stock.adobe.com
65		Philippe Michel - www.agefotostock.com
66	bg	agrus - stock.adobe.com
66	bg	Ben Pipe Photography/Carte Blanche/Photononstop
66	bmm	AFP Photo
66	hd	lalalululala - stock.adobe.com
66-67	mm	agrus - stock.adobe.com
66-67		fkprojects - stock.adobe.com
67	bg	lalalululala - stock.adobe.com
68	hg	Tom Wang - stock.adobe.com
68	mg1 - mg2	endstern - stock.adobe.com
68	bg	José Fuste Raga - www.agefotostock.com
68	mg3	Sergio Capuzzimati - iStockphoto
68-69	mm	schwabenblitz - stock.adobe.com
68-69	fond	TAW4 - stock.adobe.com
69	mg	setory - stock.adobe.com
69	bg	pomphotothailand - stock.adobe.com
69	hd	Jose Fuste Raga - www.agefotostock.com
69	mm	Robert Harding/hemis.fr
69	md	real444 - iStockphoto
70		yo camon - stock.adobe.com
71		Edwin Tan/GettyImages
72	am	lapas77 - stock.adobe.com
72	ab	YUQI - stock.adobe.com
72	ahd	ake1150 - stock.adobe.com
72	bbg	Mrson - stock.adobe.com
72	bhg	monticellllo - stock.adobe.com
72	bfond	Blend Images/Photononstop/Singapore marina illuminated at night, Gardens by the bay (Wilkinson Eyre architects + Grant Associates), Marina Bay Sands hotel (arch Moshe Safdie)
72	amd	Mrson - stock.adobe.com
73	cbd	Rostislav Ageev - stock.adobe.com
73	cfond	TPG - stock.adobe.com
73	d	Photo12/Alamy/tawatchai prakobkit
73	cmd	Luis Martinez/Vantage/Design Pics/Photononstop
73	cbg	petesphotography - iStockphoto
74	bm	Zhang Rong - istockphoto
74	hm	Stringer/Imaginechina/Imaginechina via AFP Photo
74	mm	Stringer/Imaginechina/Imaginechina via AFP Photo
74-75	mm	https://fr.wikivoyage.org/wiki/Fichier:Sichuan.png
75	hg	serjiob74 - stock.adobe.com
75	mg	Shigeki Tanaka - www.agefotostock.com
77		HuHu Lin - stock.adobe.com
77		Aaltazar - iStockphoto
80	bd	Blue Jean Images - stock.adobe.com
80	md	lotusjeremy - stock.adobe.com
80	hg	Tom Wang - stock.adobe.com
80-81	mm	iiierlok_xolms - stock.adobe.com
81	d1	Volker Haak - stock.adobe.com
81	d5	claudiozacc - stock.adobe.com
81	d2	Noppasinw - stock.adobe.com
81	g3	efired - stock.adobe.com
81	d4	onlyyouqj - stock.adobe.com
81	g2	TAW4 - stock.adobe.com
81	g4	dtatiana - stock.adobe.com
81	g1	欣诔 - stock.adobe.com
81	d3	IMAGEMORE - www.agefotostock.com
81	hd	Photo12/Alamy/D. Hurst
82	mm	Photo12/Alamy/Yixian
82	bd	https://fr.wikipedia.org/wiki/Shao_Yong
84-85		Freepix

Photos pages 12-13 et 20-21 : Wu Yi-Chih, HSNU, Taïwan
Photo page 14-15 : Maxime Ermeneg

PAPIER À BASE DE FIBRES CERTIFIÉES

Hatier s'engage pour l'environnement en réduisant l'empreinte carbone de ses livres. Celle de cet exemplaire est de : 600 g éq. CO_2
Rendez-vous sur www.hatier-durable.fr

Achevé d'imprimer en Espagne par Macrolibros
Dépôt légal : 10521-2/02 - Avril 2023

LA FRANCE 法国

ANGLETERRE
英国 Yīngguó
BELGIQUE
比利时
Bǐlìshí
ALLEMAGNE
德国
Déguó
Lille
里尔 Lǐ'ěr
Le Havre
勒阿弗尔
Lè'āfú'ěr
Rouen 鲁昂
Lǔ'áng
Caen
卡昂 Kǎ'áng
Paris
巴黎 Bālí
Seine 塞纳河
Sāinàhé
Metz 梅斯
Méisī
Strasbourg
斯特拉斯堡
Sītèlāsībǎo
Nancy
南锡
Nánxī
Brest
布鲁斯特
Bùlǔsītè
Rennes
雷恩 Léi'ēn
Orléans 奥尔良
Ao'ěrliáng
Nantes
南特 Nántè
Tours
图尔 Tú'ěr
Loire
卢瓦尔河
Lúwǎ'ěr Hé
Dijon 第戎
Dìróng
Besançon
贝桑松
Bèisāngsōng
SUISSE
瑞士
Ruìshì
Poitiers
普瓦捷 Pǔwǎjié
OCEAN ATLANTIQUE
大西洋 Dàxī Yáng
Clermont-Ferrand
克莱蒙飞朗
Kèlāiméngfēilǎng
Lyon 里昂
Lǐ'áng
ITALIE
意大利
Yìdàlì
Grenoble
格勒诺布尔
Gélènuòbù'ěr
Rhône
罗纳河
Luóna Hé
Bordeaux
波尔多 Bō'ěrduō
Garonne
加龙河
Jiālóng Hé
Toulouse
图卢兹 Túlúzī
Nice
尼斯 Nísī
Aix-en-Provence
艾克斯
Aikèsī
Marseille
马赛 Mǎsài
ESPAGNE
西班牙
Xībānyá
MER MEDITERRANEE
地中海 Dìzhōng Hǎi
Corse
科西嘉
Kēxījiā

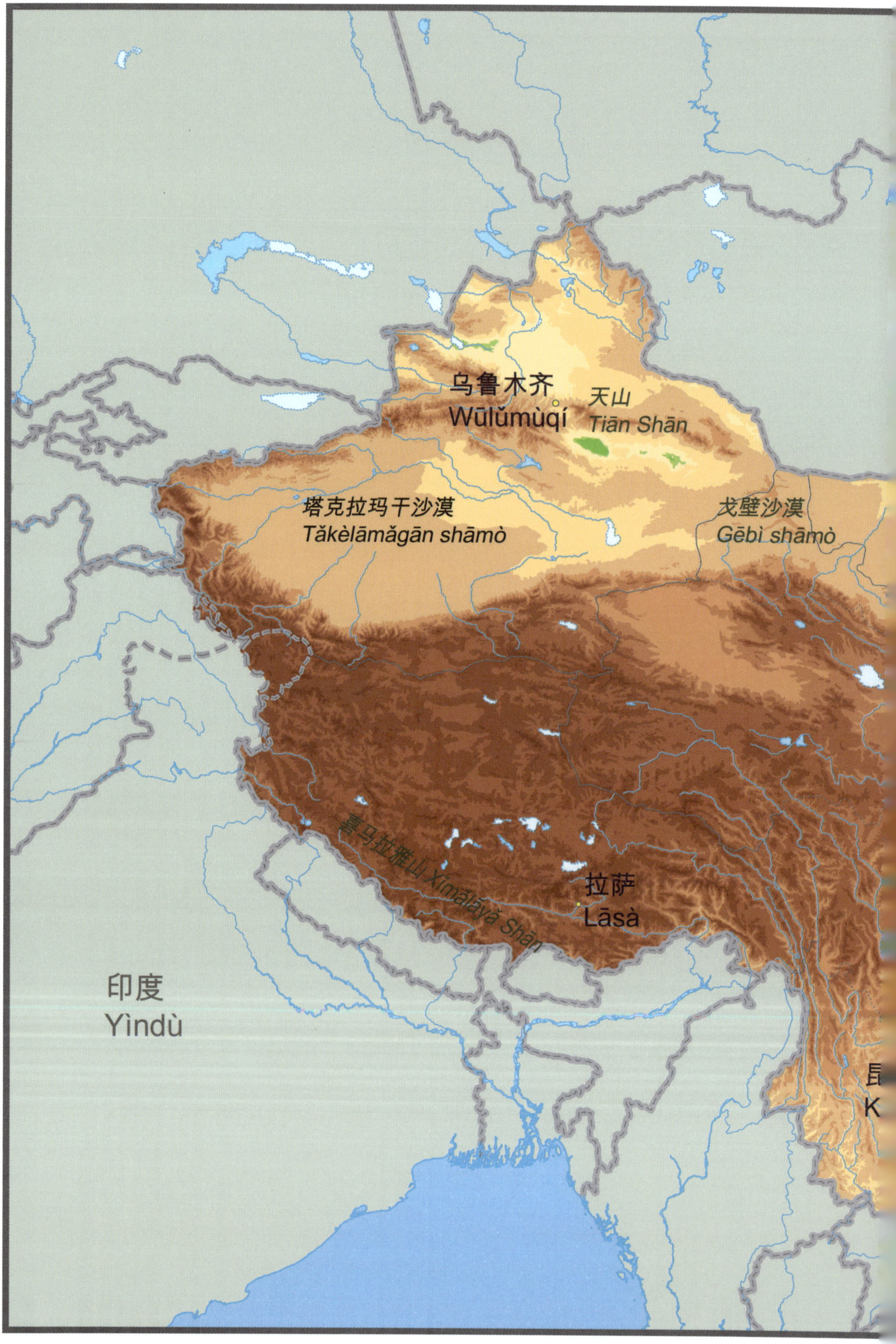
乌鲁木齐
Wūlǔmùqí
天山
Tiān Shān
塔克拉玛干沙漠
Tǎkèlāmǎgān shāmò
戈壁沙漠
Gēbì shāmò
喜马拉雅山 Xǐmǎlāyǎ Shān
拉萨
Lāsà
印度
Yìndù